Hanbit
RealTime
132

안드로이드를 위한
Gradle

안드로이드 스튜디오를 이용한 빌드 자동화

유동환 지음

한빛미디어
Hanbit Media, Inc.

표지 사진 **김은숙**

이 책의 표지는 김은숙 님이 보내 주신 풍경사진을 담았습니다.
리얼타임은 독자의 시선을 담은 풍경사진을 책 표지로 보여주고자 합니다.

사진 보내기 ebookwriter@hanbit.co.kr

안드로이드를 위한 Gradle 안드로이드 스튜디오를 이용한 빌드 자동화

종이책 발행 2016년 7월 22일
전자책 발행 2016년 6월 16일

지은이 유동환 / **펴낸이** 김태헌
펴낸곳 한빛미디어(주) / **주소** 서울시 마포구 양화로7길 83 한빛미디어(주) IT출판부
전화 02-325-5544 / **팩스** 02-336-7124
등록 1999년 9월 30일 제10-1779호
ISBN 978-89-6848-831-3 93000 / **정가** 12,000원

총괄 전태호 / **책임편집** 김창수 / **기획·편집** 정지연
디자인 표지 강은영, 내지 여동일, 조판 최송실
마케팅 박상용, 송경석, 변지영 / **영업** 김형진, 김진불, 조유미

이 책에 대한 의견이나 오탈자 및 잘못된 내용에 대한 수정 정보는 한빛미디어(주)의 홈페이지나 아래 이메일로 알려주십시오.
한빛미디어 홈페이지 www.hanbit.co.kr / **이메일** ask@hanbit.co.kr

지금 하지 않으면 할 수 없는 일이 있습니다.
책으로 펴내고 싶은 아이디어나 원고를 메일(ebookwriter@hanbit.co.kr)로 보내주세요.
한빛미디어(주)는 여러분의 소중한 경험과 지식을 기다리고 있습니다.

저자 소개

지은이_ **유동환**

생각을 즐기는 프로그래머. 유동의 브런치(https://brunch.co.kr/@yudong)를 운영 중이며 LG전자에서 안드로이드 앱을 개발하고 있습니다. 최근에는 IoT 관련 프로젝트를 하며 바쁜 날들을 보내고 있습니다. 스무 살 때부터 자바카페와 JCO(한국자바개발협의회) 커뮤니티에서 수년간 활동하며 소심했던 성격도 고치고 누군가에 도움이 되는 사람이 되려고 노력 중입니다. 사내에서는 독서습관클럽을 만들어 운영한 지 일 년이 되어 가고 있습니다. 연세대학교 정보대학원에서 경영정보학을 전공하였고 『Professional Java Web Services』(정보문화사, 2002)를 공역하였습니다.

2014년 어느 날 새로운 개발팀에 들어가 보니 낯선 개발 환경이 눈에 들어왔습니다. 첫 번째는 이클립스가 아니라 안드로이드 스튜디오^{Android Studio}라는 인텔리제이^{IntelliJ} 기반의 IDE였고, 두 번째는 빌드 도구인 Gradle이었습니다.

다른 팀에서 사용하지 않는 생소한 도구 때문에 처음 3개월간 매우 불편하였지만 이내 익숙해졌고, 이후 새로운 앱을 개발하면서 Gradle 덕분에 십여 개의 다른 개발팀과 협업을 원활하게 진행하였습니다. 이런 추억을 되돌아보니 프로그래밍 언어뿐만 아니라 지속해서 새로운 개발 도구를 도입해야 개발 생산성이 향상될 수 있음을 배웠습니다.

이 책은 안드로이드 개발자가 활용하는 Gradle에 대해 다룹니다. 그동안 Gradle에 관한 책은 몇 권 있었지만, 안드로이드 개발자가 바로 따라 해보기는 어려웠습니다. 그래서 필자가 실무에서 겪은 내용을 알기 쉽게 풀어내려고 최대한 노력하였습니다. 예를 들어, 부서에 신입사원이 들어온다면 어떤 순서로 Gradle을 설명할 수 있을까 하고 여러 번 자신에게 되물으면서 만든 산출물입니다.

처음 집필할 때는 안드로이드 스튜디오가 1.4 버전이었는데, 이제는 2.0 버전을 넘어 2.1.2 버전까지 나왔습니다. 그동안 많은 변화가 있었지만 2.0 버전부터는 안정 버전이라고 생각해도 무방합니다.

이 작은 책을 쓰는 데도 많은 사람의 도움을 잊을 수 없습니다. 매주 일요일 함께 글 쓰고 피드백을 해준 친구 유현석과 자바카페 강사준비팀 3기 멤버들, 그리고 투박했던 초고를 매끄럽게 다듬어주신 한빛미디어 여러분(특히 정지연 님), 마지막으로 사랑하는 아내 지영에게 감사의 말을 전합니다.

이 책은 안드로이드 개발 경험이 있는 개발자 중에서 안드로이드 스튜디오와 Gradle 의 기본적인 내용을 빠르게 학습하고자 하는 독자를 대상으로 합니다. 간단한 안드로 이드 앱을 만들어본 경험이 있다면 누구든 이 책을 이해하는 데 문제가 없습니다. 책에 있는 예제는 Hello World와 간단한 버튼이 있는 UI 정도입니다.

Gradle의 백미는 멀티 프로젝트의 활용입니다. 현재 이클립스로 진행 중인 개발 프로 젝트가 있다면 단지 Gradle로 동일하게 변환하는 데 만족하지 말고 독립적인 기능을 별도 모듈로 구성하여 멀티 프로젝트로 구성해 보기를 추천합니다. Gradle 내부를 이 해하는 데 큰 도움이 됩니다.

안드로이드 스튜디오 버전은 2.0을 기반으로 하고 있습니다. 그 이전 버전에서는 책에 서 언급한 내용이 동일하게 동작하지 않을 수 있습니다.

chapter 1

안드로이드 스튜디오와 Gradle

1장에서는 안드로이드 스튜디오라는 IDE(통합개발환경)와 빌드 도구인 Gradle을 소개합니다. 안드로이드 환경에서의 Gradle은 IDE를 제외하면 설명하기 힘들 정도로 밀접하게 연관되어 있습니다. 또한, 기존 이클립스 개발 환경과 비교해도 많은 것이 달라졌습니다. 안드로이드 스튜디오가 Gradle과 관련하여 어떤 편의 기능을 제공하는지 알아보고, Gradle의 개념과 주요 특징, 이클립스와 비교하여 폴더 구조가 어떻게 달라졌는지를 살펴보겠습니다.

1.1 안드로이드 스튜디오

2015년 구글은 기존의 이클립스 ADT^{Android Development Toolkit} 지원을 중단하고 안드로이드 스튜디오를 공식 IDE로 선언하였습니다(2016년 현재 ADT는 구글 사이트에서 다운로드할 수 없습니다). 안드로이드 스튜디오는 JetBrain사의 인텔리제이 기반 IDE로, 강력한 검색 기능과 다양한 플러그인을 지원합니다.

필자는 2014년 새로운 개발팀에 합류하면서 안드로이드 스튜디오 1.0을 처음 사용해볼 수 있었습니다. 그전까지는 이클립스를 사용하고 있었는데, 말 그대로 너무 달랐습니다. IDE의 전체 외관과 단축키, Gradle이라는 새로운 빌드 도구까지 모든 것이 달라서 익숙해지는 데 3개월은 걸렸습니다. 이제는 너무 잘 사용하고 있고 이클립스로 다시 돌아갈 일은 없을 것 같습니다.

안드로이드 스튜디오의 최신 버전은 2.1.2입니다. 그동안 구글에서 지속적으로 업데이트해 왔지만, Windows 용 1.2 버전까지는 속도도 느리고 메모리도 많이 사용한 것이 사실입니다. 1.3 버전부터 드라큘라^{Dracula Theme}도 지원하고 안정성도 대폭 향상되어 그야말로 안드로이드 스튜디오 시대가 열렸다고 할 수 있습니다. 이 책에서는 Android Studio 2.0을 기준으로 특징을 간단히 설명하겠습니다.

1.1.1 안드로이드 스튜디오의 기능

가장 먼저 눈에 띄는 것은 IDE의 좌우와 하단의 다양한 기능 버튼으로, 이클립스보다 더 많은 것을 지원하고 있습니다. 여기서는 현업 개발자가 자주 사용하는 기능들을 정리해 보겠습니다.

그림 1-1 안드로이드 스튜디오 기본 화면

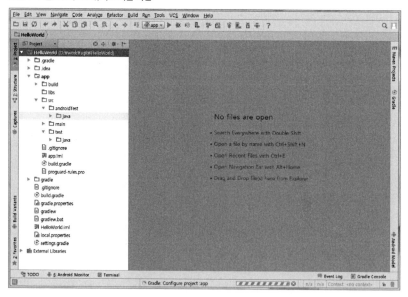

좌측

1. **Project** 프로젝트에 포함된 파일들을 다양한 관점에서 요약하여 보여줍니다. 안드로이드 개발자에게는 Android가 가장 편리하며, 실제 파일 구조를 보기

위해서는 Project로 변경합니다. 이클립스가 익숙한 개발자는 Project로 시작하고 점차 Android를 활용하면 됩니다.

2. **Captures** 필요한 스크린 샷을 캡처하는 기능으로, 실제 타깃을 연결하여 개발하는 경우 유용합니다. 이클립스와 달리 캡처한 이미지를 IDE에서 바로 볼 수 있어 편리합니다.

3. **Build Variants** 모듈별 빌드 변형^{Build Variants}이 표시됩니다. 이는 중급 이상의 내용으로 7장에서 상세하게 다루겠습니다.

하단

1. **Terminal** 내장된 명령창입니다. 보통 IDE만으로 충분히 빌드할 수 있지만, 실무에서는 Terminal 혹은 git console을 함께 띄워놓고 빌드하는 것이 일반적입니다. 콘솔에서 IDE 없이 빌드하는 방법을 반드시 익혀야 합니다.

2. **Android Monitor** 기존에는 'Android Logcat'이라는 이름이었습니다. 이클립스와는 달리 여러 대의 타깃이 연결되어 있어도 각각 편리하게 로그와 메모리 현황 등을 볼 수 있으며, 기능이 점점 늘어날 예정입니다(더 자세한 내용은 안드로이드 스튜디오 관련 서적에서 참고하시기 바랍니다).

3. **TODO** 이클립스와 마찬가지로 //TODO, //FIXME 등의 목록을 볼 수 있습니다.

4. **Event Log** 실행 상태를 표시하는 창입니다. 앱 실행 또는 test 실행 시 함께 띄워놓고 보면 좋습니다.

5. **Gradle Console** Gradle 태스크^{Task} 실행 결과를 표시하는 곳입니다. Gradle이 익숙해질 때까지는 자주 살펴봐야 하는 곳입니다.

우측

1. **Gradle** 프로젝트와 각 모듈에 포함된 Gradle 태스크를 표시합니다. 태스크는 android, build, install과 같이 항목별로 구별되어 있습니다.

2. **Android Model** Android Studio 1.4에서 새로 포함된 내용입니다.
Gradle의 전체 내용을 카테고리별로 요약하여 표시합니다. build tools 버
전이나 타깃 SDK 버전 등을 알아볼 수 있습니다.

1.1.2 안드로이드 스튜디오의 장점

사용자 입장에서 체험한 안드로이드 스튜디오의 눈에 띄는 특징은 다음과 같습
니다.

1. 어디서나 검색 기능

안드로이드 스튜디오의 검색을 한마디로 표현하면 [Shift + Shift]입니다. 어떤
파일을 찾을 때 Shift 키를 두 번 누르면(더블 시프트) 다음과 같이 검색창이 뜨고
그 아래에는 최근에 검색한 파일과 검색결과가 표시됩니다. 필요한 내용을 빠르게
찾아주는 마성의 기능입니다. 이클립스를 오랫동안 활용하여 안드로이드 스튜디
오에 익숙하지 않으신 분들은 자주 사용해보기 바랍니다. 이클립스를 실행했을 때
도 무의식적으로 더블 시프트를 누르는 자신을 발견할 수 있습니다.

그림 1-2 안드로이드 스튜디오 내 검색

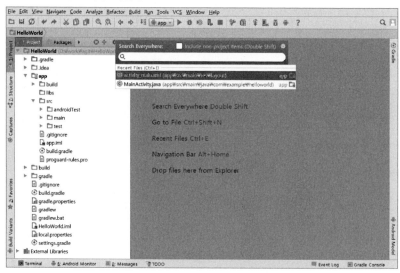

2. 강력한 Code Assistant

Code Assistant는 코드를 작성할 때 유사한 변수나 메서드를 추천해주는 기능입니다. 이클립스의 경우 정확하게 철자가 맞을 때만 코드를 추천했는데, 안드로이드 스튜디오는 일부만 입력해도 추천의 정확도가 높습니다. 이클립스는 고정된 검색 기법을 가지고 있지만, 안드로이드 스튜디오의 Code Assistant는 매우 유연합니다.

3. Gradle과 완벽한 통합

이클립스의 빌드 도구는 Ant인데, 일반적인 개발자에게는 그 활용 여부가 감춰져 있습니다. IDE에서 Ant 태스크를 실행하여 빌드와 앱 서명singing 등의 업무를 할 수 있다는 장점도 있지만, 감춰져 있는 만큼 빌드 스크립트를 변경하는 경우 IDE와 밀접하게 통합되어 있지 않아 불편합니다.

안드로이드 스튜디오는 빌드 도구인 Gradle과 전면적으로 통합되어 있습니다. [그림 1-1]에서도 보듯이 소스 코드와 함께 Gradle의 필수 요소인 build.gradle과 settings.gradle 파일 등이 별도 카테고리에 구별되어 있고, 기본 화면의 좌우와 하단에도 Gradle 관련 사항을 편리하게 열람할 수 있는 다양한 기능이 내장되어 있습니다. 마치 Gradle을 알아야 안드로이드 개발을 할 수 있다는 느낌을 줄 정도입니다. 이에 관한 자세한 내용은 뒤에서 살펴보겠습니다.

4. 편리한 단축키

안드로이드 스튜디오의 단축키는 이클립스의 단축키보다 누르기 편합니다. 안드로이드 스튜디오는 F3과 같은 키보드 상단의 기능 키의 활용을 최소화하여 소스 코드를 입력하는 도중에 흐름을 끊기지 않고 단축키를 누를 수 있습니다. 안드로이드 스튜디오에서 자주 사용하는 단축키 목록은 다음과 같습니다.

- **Shift + Shift** 어디서나 검색 기능
- **Ctrl + B** 선언부로 이동

- **Ctrl + Alt+ B** 구현부로 이동
- **Alt + F7** 함수가 어디서 사용되었는지 검색
- **Shift + F6** 이름 바꾸기
- **Ctrl + Alt + 〈LEFT〉/〈RIGHT〉** 이전(이후)에 사용했던 커서로 이동
- **Alt + 〈LEFT〉/〈RIGHT〉** 탭 좌우로 이동

지금까지 안드로이드 스튜디오에 대해 간단히 알아보았습니다. Gradle은 안드로이드 스튜디오라는 IDE와 밀접하게 통합되어 있으므로 IDE를 잘 아는 것이 무엇보다 중요합니다. 가능한 이클립스의 기억은 최대한 잊고 안드로이드 스튜디오 스타일에 익숙해지기를 바랍니다.

1.2 Gradle

Gradle은 Gradle사에서 만든 범용 빌드 도구입니다. 안드로이드에서 빌드란 간단하게 말하면 JAR^{Java Archive} 파일, AAR^{Android Archieve} 파일, AP^{KAndroid Application Package} 파일을 만드는 방법입니다. Gradle은 안드로이드 앱 뿐만 아니라 Java, C/C++, Groovy 등의 범용 언어를 모두 지원합니다. 한마디로 Gradle을 한번 배워두면 다른 언어로 개발하더라도 빌드 스크립트를 처음부터 다시 작성할 필요 없이 재사용할 수 있습니다.

Gradle 홈페이지에서 소개한 Gradle의 주요 특징은 다음과 같습니다.[01]

1. 폴리글랏 빌드^{Polyglot Build}

링크드인^{Linkedin}은 60개의 서로 다른 언어(Java, Scala, Phython, C/C++ 등)를 Gradle을 사용하여 빌드하고 관리한다고 합니다. Gradle에서는 각 언어를 플러그인으로 구별하는데, 예를 들어, 일반 Java는 java, Java 웹 프로젝트는 war, 안드로이드 앱은 com.android.application 플러그인을 사용하면 됩니다.

---

01 http://gradle.org/whygradle-build-automation/

2. 도구 통합Tool Integration

Gradle은 이클립스, 안드로이드 스튜디오, IntelliJ와 같은 IDE에서 편리하게 사용할 수 있도록 창Window를 제공하고 있고 CIContinuous Integration 도구인 젠킨스Jenkins와도 함께 활용할 수 있습니다. 예를 들어, 소스 코드가 Git에 업로드되면 서버에서 CheckStyle, FindBugs 등의 플러그인을 활용하여 소스 코드가 잠재적으로 가진 문제를 검출하여 개발자에게 통보하거나 위험한 코드를 merge할 수 없도록 강제할 수 있습니다.

3. 외부 라이브러리 관리 자동화

Gradle의 또다른 장점 중 하나는 개발자가 더는 외부 라이브러리를 관리하지 않아도 된다는 점입니다. 이클립스에서 개발하는 경우 libs 폴더에 원하는 외부 라이브러리 파일을 직접 복사하였지만, Gradle에서는 단순히 외부 저장소 위치와 라이브러리의 그룹, 이름, 버전 등을 지정해주면 알아서 다운로드하고 빌드에 포함시킵니다.

4. 고성능 빌드

Gradle은 점진적인 빌드Incremental builds, 빌드 캐싱build caching, 병렬 빌드parallelization 기능을 지원하여 고성능 빌드를 추구합니다. 하지만 실제로 윈도우 환경에서 안드로이드 앱을 빌드해보면 Gradle의 메모리 사용량이 많고 빌드 시 CPU 점유율이 높습니다. 실무에서 권장하는 사양은 메모리 8GB와 SSD 장착입니다. 메모리 4GB에서는 모듈의 개수가 늘어나면 Out of Memory 오류가 종종 발생하기도 합니다. 이 부분은 향후 개선될 것으로 생각합니다.

1.3 안드로이드를 위한 Gradle의 특징

구글은 2014년 구글 I/O에서 새로운 빌드 시스템을 발표하였습니다. 그 목표는 다음과 같습니다.[02]

- 코드와 리소스를 재활용하기 쉽게 한다.
- 다양한 변형variants을 만들 수 있고 앱의 특성flavors에 따라 단일 소스에서 여러 APK를 만들 수 있게 한다.
- 빌드 절차를 쉽게 설정하고 확장하고 커스터마이즈할 수 있게 한다.
- IDE와의 밀접한 통합을 추구한다.

Gradle은 안드로이드의 새로운 빌드 시스템의 핵심입니다. 앞의 목표를 달성하기 위해 안드로이드 애플리케이션의 폴더 구조가 그 전보다 복잡하게 변경되었습니다. 안드로이드 스튜디오와 이클립스에서 각각 Hello World 프로젝트를 생성하여 프로젝트 구조를 비교하면 다음과 같습니다.

그림 1-3 안드로이드 스튜디오 프로젝트 구조 vs 이클립스 프로젝트 구조

안드로이드 스튜디오   이클립스

---

02 http://tools.android.com/tech-docs/new-build-system/user-guide

첫째, Gradle은 멀티 프로젝트 구조입니다. 안드로이드 스튜디오에서 프로젝트를 새로 생성하면 단일 프로젝트가 아니라 멀티 프로젝트로 생성됩니다(개발자가 원하면 싱글 프로젝트 구조로 변경할 수 있지만 권장하지는 않습니다). [그림 1-3]의 왼쪽을 보면 'app'이라는 폴더가 있습니다. 이를 Gradle에서는 모듈Module이라고 부릅니다. 이클립스의 프로젝트는 src 폴더를 한 개만 가질 수 있다면, Gradle에서는 app 모듈뿐만 아니라 새로운 모듈을 추가하여 모듈별로 src 폴더를 포함하게 됩니다.

둘째, src 폴더의 구조가 다릅니다. 이클립스에서는 src 하위에 소스 코드가 패키지 명과 함께 바로 등장하지만 Gradle에서는 소스 코드가 바로 오지 않고 src 폴더 하위에 androidTest, main, test가 추가됩니다. 원래 androidTest와 main만 있었지만, Anrdroid Studio 1.4로 오면서 test 폴더가 추가되었습니다. test 폴더는 구글 I/O 2015에서 소개된 Local Unit Test를 지원합니다(이 폴더에 관한 자세한 내용은 구글 문서를 참고하기 바랍니다).[03] main 폴더에는 안드로이드 앱 소스 코드가 있고, androidTest에는 안드로이드 테스팅(정확하게는 Instrumentation Testing) 소스 코드가 있습니다.

셋째, libs 폴더입니다. 이클립스의 libs 폴더에는 빌드하는 데 필요한 외부 라이브러리 파일이 직접 포함되어 있습니다. 하지만 Gradle에서는 의존성 관리를 Gradle이 담당하므로 libs 폴더를 사용하지 않아도 됩니다. 필요한 스크립트 파일에서 외부 라이브러리의 저장소와 버전 등을 지정하면 빌드할 때 알아서 해당 버전을 다운로드하여 포함합니다. 또한, + 옵션 등을 적용하면 최신 버전을 자동으로 다운로드할 수도 있습니다.

넷째, bin 폴더입니다. 기존 이클립스 프로젝트에서는 빌드를 완료한 APK가 bin 폴더에 있지만, 안드로이드 Gradle에서는 build/output/apk 폴더에 위

---

03 http://tools.android.com/tech-docs/unit-testing-support

치합니다. 빌드의 결과물은 적용한 플러그인에 따라 APK 파일 혹은 AAR 파일입니다.

이제 빌드는 단지 APK(또는 AAR)를 생성하는 데서 벗어나 점점 다양한 언어, 프레임워크와 어우러지고 자동화되어 가고 있습니다.

chapter 2

첫 Gradle 프로젝트 생성하기

2장에서는 안드로이드 스튜디오로 Hello World 프로젝트를 새롭게 생성합니다. 프로젝트는 app 모듈을 기본으로 포함하는데, 각각의 Gradle 구성 요소에 관해 알아봅니다. 특히 프로젝트 build.gradle과 모듈 build.gradle의 차이점에 대해 학습합니다.

2.1 Hello World 프로젝트 생성

안드로이드 스튜디오에서 [File → New → New Project] 메뉴를 선택하여 새로운 프로젝트를 생성합니다.

그림 2-1 새로운 프로젝트 생성

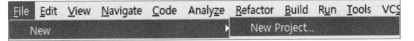

Application name는 편의상 'Hello World'로 하고, 프로젝트 종류는 'Phone and Tablet', OS는 'API 23: Android 6.0 (Marshmallow)'로 선택합니다.

그림 2-2 프로젝트 설정

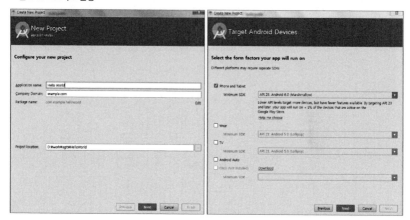

Activity 종류는 'Blank activity'로 선택합니다. Activity Name에는 'MainActivity'를 확인하고 [Finish] 버튼을 누릅니다. 특별한 설정 없이 모든 값을 기본값으로 설정하면 됩니다.

그림 2-3 Activity 설정

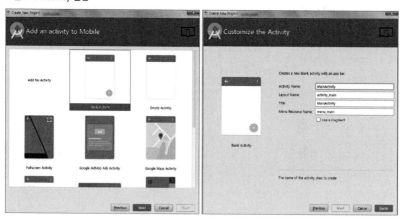

[그림 2-4]와 같이 Hello World 프로젝트가 생성되었습니다. 이제 안드로이드 앱을 위한 Gradle의 구성요소를 알아보겠습니다.

1장에서는 'Project 뷰'로 프로젝트를 표시하였는데, 이는 전체 폴더 구조를 알수 있는 장점이 있지만, 실제 개발할 때는 불필요한 하위 폴더가 많이 표시되어 잘사용하지 않습니다. 따라서 앞으로 기본적인 프로젝트 표시는 'Android 뷰'로 하겠습니다.

그림 2-4 Project 뷰

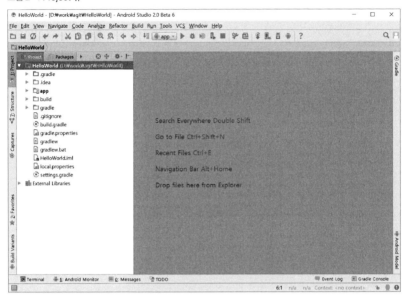

[그림 2-5]는 Android 뷰로, Project 뷰보다 안드로이드 앱의 Gradle 스크립트를 잘 표현해주고 있습니다. app 모듈 하위에는 다양한 폴더가 있는데, manifests 폴더에는 AndroidManifest.xml 파일이 있고, java 폴더에는 소스 코드, res 폴더에는 layout XML 파일과 이미지 같은 리소스[resources], Gradle Scripts 폴더에는 Gradle 스크립트 파일을 한눈에 보일 수 있게 배치하였습니다.

그림 2-5 Android 뷰

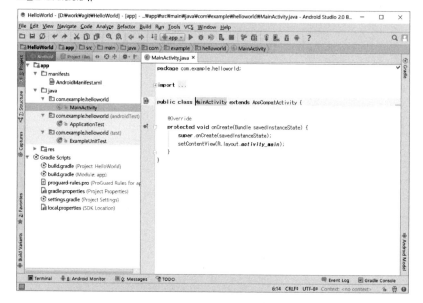

안드로이드 앱을 위한 Gradle의 구성요소는 다음과 같습니다.

1. app 모듈

안드로이드 스튜디오에서 생성된 프로젝트는 멀티 프로젝트입니다(멀티 프로젝트
에 관해서는 5장에서 자세하게 다루겠습니다). Gradle 프로젝트 하위에는 적어도 1개 이
상의 모듈을 포함하는데, 최초 생성되는 모듈 이름은 'app'입니다. 새로운 모듈을
추가하는 경우에는 메뉴에서 [File → New → New Module]을 선택합니다.

그림 2-6 새로운 모듈 생성

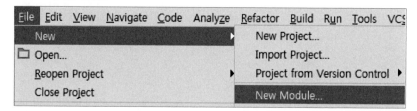

2. manifest 폴더

이클립스의 AndroidManifest.xml 파일을 표시하며, 앱 이름과 권한^{permissions}과 같은 프로젝트의 메타 정보를 담고 있습니다. 모듈은 독립적으로 APK를 생성(1장에서 안드로이드 새 빌드 시스템의 목표가 하나의 소스에서 다수의 APK를 생성하는 것임을 언급하였습니다.)할 수 있으므로 모듈별로 AndroidManifest.xml을 포함하게 됩니다.

3. java 폴더

소스 코드와 테스트 코드가 포함됩니다. Project 뷰에서 보면 소스 코드는 main 폴더에 있고, 테스트 코드는 androidTest 폴더와 test 폴더에 있습니다. 소스 코드와 구별하고자 테스트 코드는 (androidTest)와 (test)라고 표시되어 있습니다. 테스트 코드에 관한 자세한 내용은 6장을 참고하시기 바랍니다.

4. Gradle Scripts

안드로이드 스튜디오는 Gradle과 한 몸이라고 할 정도로 완전하게 통합되어 있습니다. Gradle Scripts는 다음과 같은 파일로 구성됩니다.

- **프로젝트 build.gradle 파일** 전체 프로젝트(여기서는 Hello World 프로젝트)를 빌드하기 위한 안드로이드 Gradle 플러그인(안드로이드 Gradle 플러그인은 Gradle로 안드로이드 앱을 빌드하는 데 반드시 필요하며 최신 버전은 2.1.0입니다). 버전을 기입하고 다운로드할 수 있는 저장소를 기술합니다. 프로젝트에 모듈이 한 개만 있는 경우 최초 생성한 후 변경할 일이 거의 없습니다.

- **모듈 build.gradle 파일** 안드로이드를 위한 Gradle의 핵심 스크립트입니다. 각 모듈에 필요한 빌드 정보를 기술합니다. 보통 별다른 지칭 없이 build.gradle이라고 하면 모듈 build.gradle를 가리키는 경우가 많습니다. 2.3절에서 자세하게 알아보겠습니다.

- **proguard** 프로가드는 역 컴파일 방지 도구입니다. 배포된 APK의 소스 코드의 심볼을 사람이 해석할 수 없게 임의로 변경하여 역 컴파일되어도 코드의 로직을 이해할 수 없도록 만듭니다. build.gradle에서 `minifyEnabled`을 `true`로만 설정하면 빌드할 때 역 컴파일 방지 기능이 활성화됩니다. 기본값은 `false`입니다.

- **Gradle 속성 파일(gradle.properties)** 버전 정보와 같은 간단한 설정 정보를 포함합니다. 여기에 지정하면 build.gradle 파일에서 변수를 참조할 수 있습니다. Hello World 프로젝트에서는 빈 파일로 되어 있습니다.

- **settings.gradle 파일** 빌드에 포함할 모듈의 목록입니다. Hello World 프로젝트에서는 app만 포함되어 있습니다. 안드로이드 스튜디오에서 Android 뷰는 settings.gradle에 포함된 모듈만 표시합니다. 새로운 모듈을 생성하고 settings.gradle에서 제거하면 Project 뷰에서는 표시가 되지만, Android 뷰에서는 보이지 않게 됩니다. 물론 Gradle 빌드 시에도 제외됩니다.

[Hello World의 settings.gradle 파일]

```
include ':app'
```

- **local.properties 파일** 안드로이드 SDK의 경로를 기술합니다. 개인 PC에만 저장되며 Git과 같은 VCS^Version Control System에는 업로드 하지 않습니다. 안드로이드 스튜디오가 자동으로 생성하므로 변경할 필요는 없습니다. 안드로이드 SDK 경로와 JDK 경로는 [File → Project Structure] 메뉴에서 지정할 수 있습니다.

그림 2-7 안드로이드 SDK와 JDK 경로 설정하기

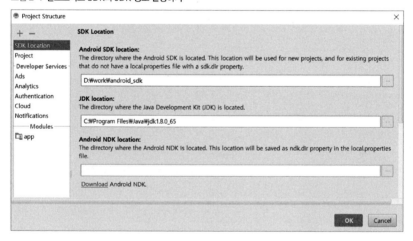

2.2 프로젝트 build.gradle

프로젝트 build.gradle은 빌드 스크립트를 구동하는 부분과 다수의 모듈이 존재할 때 전체 모듈에 공통으로 적용하는 부분을 기술합니다. Hello World 프로젝트의 build.gradle 파일을 살펴보겠습니다.

[프로젝트 build.gradle]

```
buildscript {
    repositories {
        jcenter()
    }
    dependencies {
        classpath 'com.android.tools.build:gradle:2.0.0-beta6'

        // NOTE: Do not place your application dependencies here; they belong
        // in the individual module build.gradle files
    }
}
allprojects {
    repositories {
        jcenter()
    }
}
task clean(type: Delete) {
    delete rootProject.buildDir
}
```

프로젝트 build.gradle은 크게 두 부분으로 구성되어 있습니다. buildscript 는 빌드 스크립트를 구동하는 부분으로, 외부 저장소^{repository}와 의존성 부분을 지정합니다. 외부 저장소로는 mavenCentral ( ), jcenter ( ) 등을 사용할 수 있으며 요즘에는 jcenter ( )를 많이 씁니다. 의존성 부분에는 안드로이드 Gradle 플러그인 버전을 기술합니다. 최근에는 안드로이드 스튜디오와 함께 버전이 올라가고 있습니다.

그 외에는 전체 프로젝트에서 공통으로 사용할 수 있는 태스크task를 정의합니다. 기본으로 clean 태스크가 추가되며 단순히 build 폴더를 제거하는 역할을 합니다. app과 같은 하위 모듈의 build 폴더도 모두 제거합니다.

2.3 모듈 build.gradle

모듈 build.gradle에서는 각 모듈에 필요한 빌드 설정을 지정할 수 있습니다. Hello World 프로젝트는 app 모듈 한 개만 포함하고 있는데, app 모듈은 APK를 생성할 수 있는 안드로이드 애플리케이션입니다. app 모듈의 build. gradle 파일을 살펴보겠습니다.

[app 모듈의 build.gradle]

```
apply plugin: 'com.android.application'

android {
    compileSdkVersion 23
    buildToolsVersion "23.0.2"

    defaultConfig {
        applicationId "com.example.helloworld2"
        minSdkVersion 15
        targetSdkVersion 23
        versionCode 1
        versionName "1.0"
    }
    buildTypes {
        release {
            minifyEnabled false
            proguardFiles getDefaultProguardFile('proguard-android.txt'),
'proguard-rules.pro'
        }
    }
}

dependencies {
    compile fileTree(dir: 'libs', include: ['*.jar'])
    testCompile 'junit:junit:4.12'
```

```
    compile 'com.android.support:appcompat-v7:23.1.1'
}
```

이 파일은 크게 네 부분으로 구분됩니다. 첫 번째는 모듈의 플러그인 설정입니다. 안드로이드 앱 모듈은 'com.android.application'을 지정하고, 안드로이드 라이브러리 모듈은 'com.android.library'를 지정합니다. 플러그인은 반드시 한 개만 지정할 수 있는 것은 아닙니다. 필요한 경우 여러 개를 지정해도 됩니다 (com.android.application 플러그인과 com.android.library 플러그인은 동시에 지정할 수 없습니다).

[안드로이드 라이브러리 모듈 플러그인 설정] ──────────────
```
apply plugin: 'com.android.library'
```

두 번째는 android로 AndroidManifest.xml의 설정값을 재지정^{overwrite}할 수 있습니다. build.gradle 스크립트에서 설정하는 값은 기존 안드로이드 설정값보다 우선순위가 높아 AndroidManifest.xml의 값을 덮어쓰게 됩니다. build.gradle에서 재정의한 값은 다음과 같습니다.

표 2-1 build.gradle에서 재정의한 AndroidManifest.xml 설정값

속성 이름	내용	설정 값	비고
compileSdkVersion	컴파일에 사용한 SDK 버전	23 (M-OS)	–
buildToolsVersion	안드로이드 빌드 도구 버전	23.0.1	Android SDK manager 로 다운로드함
applicationId	APK 패키지 이름	com.example. helloworld	–
minSdkVersion	최소 SDK 버전	23	생략하면 1
targetSdkVersion	목표 SDK 버전	23	–
versionCode	APK 버전 코드	1	–
versionName	APK 버전 이름	1.0	–

세 번째, buildTypes에는 빌드 타입에 따라 다른 동작을 지정할 수 있습니다(빌드타입에 관한 자세한 내용은 7장 빌드 변형에서 다룹니다). 안드로이드의 빌드 타입은 기본으로 'debug'와 'release'가 있습니다. debug는 개발 단계에 사용하며, release는 마켓이나 외부에 배포할 때 사용합니다. 앱 서명은 별도로 해야 합니다. 모듈 build.gradle 파일에서는 release일 때 proguard 적용을 'false'로 지정하였습니다. minifyEnabled가 'true'가 되면 proguard-rules.pro 파일을 참고하여 프로가드를 실행합니다.

마지막으로 의존성 부분입니다. 이 부분은 4장에서 자세하게 다루므로 여기서는 간단히 설명하겠습니다. 첫째 줄은 libs 폴더에 있는 모든 JAR 파일을 의존성에 추가합니다. 두 번째 줄은 test 코드를 빌드할 때 JUnit 4.12 버전을 포함하라는 의미입니다. 마지막 줄의 compile은 모듈을 빌드할 때 포함하는 외부 라이브러리입니다. 로컬에 존재하지 않는 경우 앞서 지정한 저장소(jcenter)에서 appcompat 지원 라이브러리를 다운로드합니다. Gradle은 저장소 위치와 라이브러리 버전 등을 지정하면 빌드 시 자동으로 해당 버전 또는 최신 버전을 포함하므로 개발자는 신경 쓰지 않아도 됩니다.

chapter 3

Gradle 태스크와 생명주기

Gradle의 기본 단위는 태스크입니다. 안드로이드 스튜디오는 프로젝트와 모듈을 손쉽게 빌드하고 실행하는 버튼을 제공하지만, 내부적으로는 모두 Gradle 태스크가 동작하는 것입니다. 이 장에서는 Gradle 태스크와 태스크의 생명주기에 관해 알아보겠습니다. 가장 먼저 알아야 할 Gradle 태스크는 assembleDebug입니다.

3.1 프로젝트 빌드하고 실행하기

안드로이드 스튜디오에서 프로젝트를 빌드하려면 [Bulid → Make Project](단축키 Ctrl + F9)를 선택하면 됩니다.

그림 3-1 프로젝트 빌드

Gradle의 실행 결과는 IDE 우측 하단에 있는 Gradle Console에 표시됩니다.

그림 3-2 빌드 실행 결과

프로젝트를 빌드하였지만, 자세히 보면 app 모듈을 빌드한 것을 알 수 있습니다. Gradle은 모듈을 지정할 때 콜론(:)을 구분자로 사용합니다. 예를 들어, :app:prebuild는 app 모듈의 preBuild 태스크를 실행하라는 의미입니다. 바로 옆에 있는 UP-TO-DATE는 이미 최신 상태라 실행하지 않는다는 의미입니다.

안드로이드를 위한 Gradle은 한 프로젝트에 여러 개의 모듈로 포함할 수 있습니다. HelloWorld 프로젝트는 현재 app 모듈만을 포함하고 있습니다. 모듈은 APK 파일을 만드는 안드로이드 앱이 될 수도 있고, AAR 파일을 만드는 라이브러리 모듈이 될 수도 있습니다.

안드로이드 스튜디오에는 실행할 수 있는 태스크 목록을 보여주는 창이 별도로 존재합니다. IDE 우측에 보면 Gradle이라는 창입니다. 처음에는 'Nothing to Show'라고 나오는데, 싱크 버튼을 누르면 프로젝트 수준과 모듈별 Gradle 태스크의 목록을 표시합니다.

그림 3-3 태스크 목록 확인

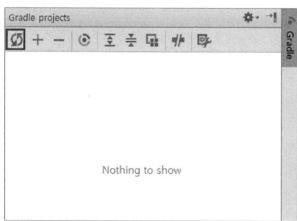

그림 3-4 모듈별 Gradle 태스크 목록

이것이 Gradle 관점에서 본 HelloWorld 프로젝트입니다. HelloWorld 프로젝트는 프로젝트 root와 app 모듈로 구성되어 있습니다. 모듈은 콜론으로 구분하므로 ': app'으로 표시됩니다. 프로젝트와 app 모듈은 공통적으로 'android/build/build setup/help/install/other/verification'이라는 그룹을 포함합니다.

각 태스크 그룹을 살펴보겠습니다. 각 태스크를 선택하여 더블 클릭하면 실행되고, 실행 결과는 Gradle Console에 표시됩니다. build 그룹은 APK 또는 AAR 파일을 생성하는 기능을 담당하고 assembleDebug와 assembleRelease가 주로 사용됩니다. 3.1절 첫 부분에서 Make Project를 선택했을 때 실행되는 것이 assembleDebug입니다.

그림 3-5 build 그룹

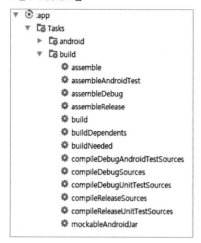

[그림 3-4]의 HelloWorld(root) 아래 assembleDebug와 [그림 3-5] app 모듈의 assembleDebug는 같은 태스크를 실행합니다. 현재 HelloWorld 프로젝트에는 app 모듈만 포함되어 있기 때문입니다. 프로젝트와 모듈을 구별하는 것은 Gradle을 활용할 때 매우 중요합니다. 이는 뒤에서도 종종 언급하겠습니다.

app 모듈의 assembleDebug를 더블 클릭하여 실행합니다(앞으로 프로젝트를 직접 빌드하기보다는 모듈 단위로 빌드를 진행합니다. 멀티 프로젝트에서는 각 모듈이 빌드의 주체가 됩니다).

[app 모듈의 assembleDebug 실행] ──────────────────────────

```
오후 10:54:38: Executing external task 'assembleDebug'...
Configuration on demand is an incubating feature.
:app:preBuild UP-TO-DATE
:app:preDebugBuild UP-TO-DATE
:app:checkDebugManifest
:app:preReleaseBuild UP-TO-DATE
:app:prepareComAndroidSupportAppcompatV72310Library UP-TO-DATE
:app:prepareComAndroidSupportDesign2310Library UP-TO-DATE
:app:prepareComAndroidSupportRecyclerviewV72310Library UP-TO-DATE
:app:prepareComAndroidSupportSupportV42310Library UP-TO-DATE
```

```
:app:prepareDebugDependencies
:app:compileDebugAidl UP-TO-DATE
:app:compileDebugRenderscript UP-TO-DATE
:app:generateDebugBuildConfig UP-TO-DATE
:app:generateDebugAssets UP-TO-DATE
:app:mergeDebugAssets UP-TO-DATE
:app:generateDebugResValues UP-TO-DATE
:app:generateDebugResources UP-TO-DATE
:app:mergeDebugResources UP-TO-DATE
:app:processDebugManifest UP-TO-DATE
:app:processDebugResources UP-TO-DATE
:app:generateDebugSources UP-TO-DATE
:app:processDebugJavaRes UP-TO-DATE
:app:compileDebugJavaWithJavac UP-TO-DATE
:app:compileDebugNdk UP-TO-DATE
:app:compileDebugSources UP-TO-DATE
:app:preDexDebug UP-TO-DATE
:app:dexDebug UP-TO-DATE
:app:validateDebugSigning
:app:packageDebug UP-TO-DATE
:app:zipalignDebug UP-TO-DATE
:app:assembleDebug UP-TO-DATE

BUILD SUCCESSFUL

Total time: 1.882 secs
오후 10:54:40: External task execution finished 'assembleDebug'.
```

빌드에 성공하면 app 모듈의 build 폴더에 APK 파일이 생성됩니다.

그림 3-6 실행 결과

3.2 Gradle 태스크 개념잡기

Gradle에서 태스크란 무엇일까요? Gradle은 그루비Groovy라는 언어로 구현되어 있습니다. 태스크는 org.gradle.api.Task 클래스에 해당하며 인터페이스는 다음과 같습니다. 프로젝트의 규모가 커지고 모듈의 개수가 늘어나면 안드로이드 Gradle 플러그인에서 제공하는 태스크 외에 새로운 태스크를 추가하게 됩니다. 이때 태스크의 개념을 알고 있으면 큰 도움이 됩니다.

이번 절에서는 태스크의 주요 속성과 간단한 사용자 정의 태스크를 만드는 방법에 대해 알아봅니다.

```
《interface》
Task

dependsOn(Object... paths)
doFirst(Closure action)
doLast(Closure action)
finalizedBy(Object... paths)

getDescription()
getGroup()
getInputs()
getOutputs()

getMustRunAfter()
getProject()
```

출처 https://docs.gradle.org/current/javadoc/org/gradle/api/Task.html

앞으로 예제를 가지고 dependsOn, description, group 등의 속성을 지정하여 새로운 태스크를 만드는 방법을 알아보겠습니다.

3.2.1 태스크에서 로그 출력하기

app 모듈의 build.gradle 파일을 열고, 'sayHello' 태스크를 추가합니다. 태스크는 'task 〈task이름〉 《《 { .. 내용 }'을 적고 괄호 사이에 원하는 내용을 넣으면 됩니다. println() 함수는 콘솔에 로그를 출력합니다. 다음과 같이 'Hello Gradle'이라는 문구를 출력하는 태스크를 만듭니다. 문자열을 출력할 때는 ""를 사용해도 되고 ''를 사용해도 됩니다. ""의 경우 ${variant.versionName}와 같이 내부 변수를 문자열에서 참조할 때 사용합니다.

그림 3-7 sayHello 태스크 작성

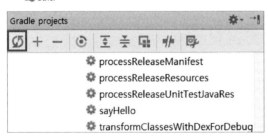

IDE 우측의 Gradle projects 창으로 가서 app 모듈의 태스크 목록을 보면 Other 그룹에 sayHello 태스크가 추가되어 있습니다. 만약 태스크 목록에 나타나지 않으면 싱크 버튼을 눌러 목록을 갱신합니다. 별도의 목록을 지정하지 않으면 other 그룹에 편입됩니다.

그림 3-8 태스크 추가 확인

▼ 🗂 other

Gradle projects

⚙ processReleaseManifest
⚙ processReleaseResources
⚙ processReleaseUnitTestJavaRes
⚙ sayHello
⚙ transformClassesWithDexForDebug

태스크를 실행하려면 sayHello를 더블 클릭하거나 태스크 실행(⊙) 버튼을 누릅니다. 버튼을 누르면 Run Gradle Task 팝업이 나오고 Command line 항목에 'sayHello'를 입력하면 됩니다. Command line 항목에 여러 개의 태스크를 지정하면 순차적으로 지정한 태스크가 실행됩니다.[01]

---

01 실무에서는 한 번에 한 가지의 태스크만 실행하는 것이 아니라 여러 개를 연속하여 실행하는 일이 많습니다. 예를 들어, 전체 빌드를 처음부터 다시 할 때는 Command line 항목에 'clean assembleDebug'라고 넣으면 clean 태스크를 먼저 실행하고 assembleDebug 태스크를 연이어 실행합니다.

그림 3-9 태스크 실행

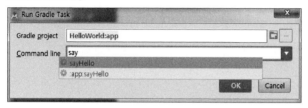

[OK] 버튼을 누르면 :app:sayHello 태스크가 실행되고 Run 창에 결과가 표시됩니다. 빌드에 성공하여 'Hello Gradle'이라는 로그가 출력됩니다. 총 걸린 시간은 1.229초입니다.[02]

그림 3-10 실행 결과

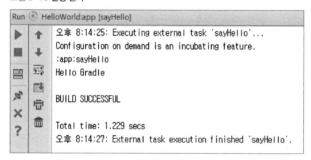

3.2.2 태스크에 그룹 지정하기

Gradle 태스크는 build, install과 같은 그룹을 가질 수 있습니다. 별도로 지정하지 않으면 other 그룹에 편입됩니다. 태스크에 그룹을 지정하는 것은 간단한데, 태스크를 생성할 때 '(group: 〈그룹명〉)'을 적으면 됩니다.

앞에서 만든 sayHello 태스크를 help 그룹에 포함되도록 변경해 보겠습니다. 프로젝트 또는 모듈의 build.gradle 파일을 수정하면 다음과 같은 메시지가 나오는데, 수정한 내용을 적용하려면 [Sync Now] 부분을 눌러주면 됩니다.

---

02 단지 로그를 출력했을 뿐인데 빌드가 성공했다는 메시지가 어색합니다. 하지만 Gradle 태스크의 실행 목적은 프로젝트와 모듈의 빌드이기 때문에 BUILD SUCCESSFUL이 맞는 표현입니다

그림 3-11 build.gradle 수정 시 경고 메시지

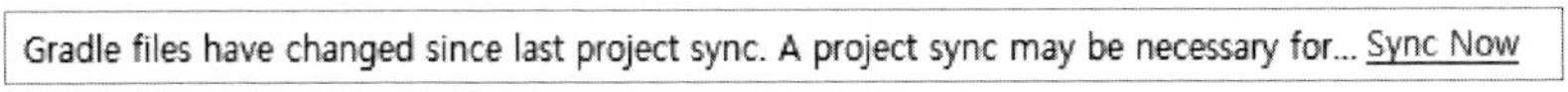

> Gradle files have changed since last project sync. A project sync may be necessary for... Sync Now

[그룹 지정]
```
task sayHello(group: "help") ≪ {
    println 'Hello Gradle'
}
```

Gradle projects 창에서 sayHello 태스크가 help 그룹에 포함된 것을 확인할 수 있습니다. 그룹만 변경되었을 뿐 실행 방법은 이전과 동일합니다.

그림 3-12 help 그룹 확인

생각해보니 sayHello 태스크는 help 그룹과 성격이 맞지 않습니다. 이번에는 'greeting'이라는 새로운 그룹을 생성하여 sayHello 태스크를 지정하도록 하겠습니다. 그룹을 새롭게 생성하려면 다음과 같이 모듈의 build.gradle 파일에 생성하려는 그룹명을 변수로 선언합니다. 그리고 sayHello 태스크의 그룹 속성에 앞서 선언한 변수를 기입합니다(이때에도 build.gradle 파일이 변경되었으므로 [sync now] 버튼을 누르거나 IDE의 툴바에 있는 ▣ 버튼을 눌러 변경사항을 적용해야 합니다).

[그룹을 변수로 지정]
```
def greetings = 'greetings'

task sayHello(group: greetings) ≪ {
```

```
    println "Hello Gradle"
}
```

Gradle projects 창에서 greetings 그룹이 생성되고 하위에 sayHello 태스크가 포함된 것을 확인합니다.

그림 3-13 생성된 그룹 확인

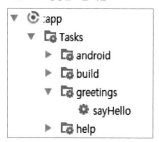

3.2.3 태스크에 설명 지정하기

태스크에 설명을 넣으려면 description 속성에 값을 넣습니다. 문자열은 작은따옴표('')혹은 큰따옴표("")로 묶습니다.

[설명 넣기]
```
task sayHello(group: greetings,
description: "my greetings is hello") << {
    println "Hello Gradle"
}
```

태스크의 설명을 확인하려면 Gradle의 내장 태스크인 tasks를 실행합니다.

그림 3-14 설명 추가 확인하기

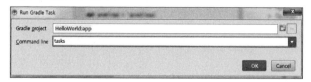

greetings 그룹의 sayHello 태스크 설명을 확인합니다.

그림 3-15 실행 결과

3.2.4 태스크에 의존성 지정하기

Gradle은 사용자가 특정 태스크를 실행하도록 명령을 내리면 준비 단계에서 실행 순서 결정을 위한 DAG^{Directed Acyclic Graph, 단방향 비순환 그래프}를 만듭니다. DAG는 전체 프로젝트에 포함된 각 모듈의 모든 태스크를 조사하여 어떤 태스크를 먼저 실행하고 어떤 태스크를 나중에 실행할지 정보를 담고 있습니다. 각 태스크는 전체 과정에서 단 한 번만 실행됩니다. 어떤 태스크를 내 태스크보다 먼저 실행해야 한다면 'dependsOn'이라는 속성으로 지정합니다.

인사를 하려면 상대방을 만나야 하듯이 sayHello 태스크가 실행되려면 이에 앞서 meetingPeople 태스크를 먼저 실행해야 하므로 dependsOn 속성을 지정하겠습니다.

[의존성 지정]

```
def greetings = 'greetings'

task sayHello(group: greetings,
description: "my greetings is hello",
dependsOn: 'meetingPeople') << {
    println "Hello Gradle"
}

task meetingPeople(group: greetings) << {
    println "I met some people"
}
```

속성을 지정한 후 sayHello를 다시 실행하면 Run 창에 다음과 같이 출력됩니다.

그림 3-16 실행 결과

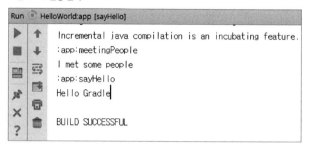

의존하는 태스크를 여러 개 지정하는 경우 지정된 각 태스크의 실행 순서는 보장하지 않고, 단지 내 태스크보다 먼저 실행된다는 것만 알 수 있습니다. 태스크 의존성에 대해서는 4장에서 더 자세하게 다루겠습니다.

3.3 Gralde의 생명주기

앞서 Gradle은 태스크를 실행을 하기에 앞서 전체 태스크의 DAG를 만들어 태스크의 실행 순서를 결정한다고 했습니다. 태스크 실행에는 dependsOn 속성뿐만 아니라 Gradle 생명주기도 함께 고려합니다. Gradle 생명주기는 초기화 단계 Initialization phase, 설정 단계Configuration phase, 실행 단계Execution phase로 구분됩니다. 각각에 대해 알아보겠습니다.

초기화 단계

안드로이드를 위한 Gradle은 멀티 프로젝트가 기본입니다. 초기화 단계에서는 settings.gradle을 분석하고 프로젝트에 포함된 각 모듈의 태스크를 조사하여 어떤 모듈을 먼저 빌드해야 하는지 결정합니다. Hello World 프로젝트와 같이 settings.gradle에 app 모듈 한 개만 등록된 경우에는 별다른 작업을 하지 않습니다. 그다음 프로젝트 build.gradle에 해당하는 Project 인스턴스를 생성합니다. Project 인스턴스는 다음 속성을 가집니다. 앞서 프로젝트 build.gradle 파일에 포함된 buildscript 블록, allprojects 블록 등을 볼 수 있습니다.

```
《interface》
Project
allprojects(Closure configureClosure)
buildscript(Closure configureClosure)
configurations(Closure configureClosure)
getDependencies()
task(String name)
task(String name,Closure configureClosure)
```

출처 https://docs.gradle.org/current/javadoc/org/gradle/api/Project.html

설정 단계

설정 단계는 Project 객체의 세부 값을 설정합니다. 하위 프로젝트에 공통으로 적용되는 내용은 allprojects( )를 통해 전달됩니다. 사용자 정의 태스크의 경우 doFirst( )에 넣은 내용이 이때 실행됩니다.

실행 단계

설정 단계를 마치면 각 태스크가 실행되는 일만 남았습니다. DAG에서 결정된 순서에 따라 순차적으로 실행됩니다. 사용자 정의 태스크의 경우 doLast( ) 또는 《《에 넣은 내용이 이때 실행됩니다. 만약 다음과 같이 sayHello 태스크에서 doFirst( )와 doLast( )를 각각 새로 정의하였다면 doFirst( )에 넣은 내용은 설정 단계에서 실행되고 doLast( )에 넣은 내용은 실행 단계에서 실행됩니다.

[doFirst( )와 doLast( )에 각각 내용 지정]

```
task sayHello(group: greetings,
    description: "my greetings is hello",
    dependsOn: 'meetingPeople') {
    doFirst {
        println 'Look at me'
    }
```

```
    doLast {
        println "Hello Gradle"
    }
}
```

sayHello 태스크의 실행 결과는 다음과 같습니다.

그림 3-17 sayHello 태스크 실행 결과

chapter 4

외부 라이브러리 추가

안드로이드 애플리케이션을 개발하다 보면 수많은 외부 라이브러리를 참조하게 됩니다. 예를 들어, 안드로이드 하위 버전을 지원하기 위해 구글에서 제공하는 'support' 라이브러리가 있고 유닛 테스트를 하기 위해 'JUnit'을 추가하기도 합니다. Gradle에서는 이를 프로젝트의 '의존성Dependency'이라고 합니다.

이클립스에서 개발할 때는 프로젝트의 libs 폴더에 라이브러리(JAR) 파일을 복사하였습니다. [그림 4-1]은 이클립스에서 [프로젝트 → Build Path → Configure Build Path]를 선택하면 나타나는 화면인데, 이 화면에서 원하는 외부 라이브러리를 지정하고 참조하는 순서를 결정합니다.

그림 4-1 이클립스의 외부 라이브러리 추가 화면

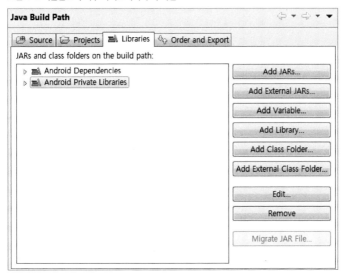

그런데 라이브러리 버전이 변경되는 경우 개발자가 새로운 버전의 라이브러리 파일을 다운로드하여 프로젝트의 libs 폴더에 복사하고 다시 지정하는 과정이 매우 번거로웠습니다. 또한, 파일 이름만 가지고는 실제 어떤 버전을 참조하는지 파악하기도 어려웠습니다. Gradle에서는 이클립스의 이런 문제점을 해결하였습니다. 어떻게 달라졌을까요?

4.1 가장 기본적인 방법

Gradle에서 외부 참조는 build.gradle 파일에 정의합니다. 프로젝트의 build.gradle에는 빌드 스크립트를 구동하기 위한 클래스패스^{Classpath}를 지정하고 모듈의 build.gradle에 직접 작성한 소스 코드에서 참조하는 외부 라이브러리를 지정합니다.

앞에서 생성한 Hello World 프로젝트에서 app 모듈의 build.gradle을 살펴보겠습니다. 모듈의 build.gradle은 android, repositories, dependencies 세 블록으로 구성되어 있는데, 이 중에서 dependencies 블록에 외부 라이브러리를 지정합니다. 외부 라이브러리를 지정할 때는 compile 명령을 사용합니다.

```
dependencies {
    compile fileTree(dir: 'libs', include: ['*.jar'])     ❶
    testCompile 'junit:junit:4.12'                        ❷
    compile 'com.android.support:appcompat-v7:23.1.0'     ❸
}
```

❶ libs 폴더의 JAR 파일을 모두 추가하는 방법입니다. 이클립스로 개발할 때 기본으로 사용하는 방법이지만, Gradle로 개발할 때는 많이 사용되지 않습니다.⁰¹

---

01 (실무에서는 외부에 공개된 라이브러리가 아닌 특정 회사에만 공개된 비밀private 라이브러리를 참조하는 경우에만 사용합니다).

❷ 테스트 빌드 시 참조하는 라이브러리입니다. 안드로이드 스튜디오에서는 새로운 모듈을 만들면 소스 코드와 테스트 코드를 함께 생성하는데, 이클립스에서는 테스트 프로젝트와 소스 프로젝트가 분리되는 것과 비교하면 테스트를 기본으로 강조하는 것을 알 수 있습니다. testCompile은 테스트할 때만 JUnit 4.12 라이브러리를 추가로 참조합니다.

❸ 로컬에 있지 않은 외부 라이브러리를 참조합니다. Gradle에서 외부 라이브러리를 참조하기 위해서는 다음 세 가지의 정보가 필요합니다.

- **group ID** 라이브러리의 패키지 이름(com.android.support)
- **artifact ID** 라이브러리 이름(appcompat)
- **version** 참조하는 버전명(v7:23.1.0)

4.2 그 외 다양한 방법

Gradle User Guide[02]를 보면 앞에서 언급한 세 가지 방법뿐만 아니라 모듈에 외부 라이브러리를 추가하는 다양한 방법을 소개하고 있는데, 여기서는 안드로이드 애플리케이션을 개발할 때 유용한 순으로 소개하겠습니다. 이 방법들도 마찬가지로 app 모듈의 build.gradle 파일의 dependencies 블록에 추가하면 됩니다.

4.2.1 다른 모듈의 소스 코드 참조하기

안드로이드 애플리케이션을 타 부서 또는 협력 업체와 함께 개발할 때 기능별로 소스 코드를 분리하는 경우가 있습니다. 이때는 안드로이드 스튜디오에서 모듈을 추가하여 개발하고(모듈 추가에 관한 자세한 내용은 5장에서 다루겠습니다), 이때 추가되는 모듈을 라이브러리 모듈이라고 합니다. 빌드 시 APK 파일을 만드는 것이 아니라 타 프로젝트에서 참조하는 용도로 만들어진 모듈입니다. 예를 들어,

---

02 https://docs.gradle.org/current/userguide/dependency_management.html

'mylibrary'라는 라이브러리 모듈을 추가하여 app 모듈에서 참조하는 경우 다음과 같이 지정합니다.

[라이브러리 모듈의 소스 코드를 참조하는 방법]

```
dependencies {
    compile project(':mylibrary')
}
```

라이브러리 모듈의 경로는 프로젝트 루트 폴더부터 상대적인 경로를 기술하는데, 콜론은 모듈의 계층을 나타내는 구분자입니다. 예를 들어, library_modules 폴더 하위에 mylibrary가 위치한다면 다음과 같이 기술합니다.

[하위 폴더에 위치한 라이브러리 모듈의 소스 코드를 참조하는 방법]

```
dependencies {
    compile project(':library_modules:mylibrary')
}
```

build.gradle 파일을 변경하고 나면 다시 빌드해야 변경 사항이 적용됩니다 (Sync now 버튼 클릭).

4.2.2 디버그 모드와 릴리스 모드에 맞게 참조하기

동일한 라이브러리를 참조하지만 개발 때와 실제 배포할 때 서로 다른 바이너리를 참조할 수 있습니다. 예를 들어, 개발할 때는 로그가 충분히 출력되어야 버그 수정 시 대응하기가 쉽지만, 릴리스 후에는 개인 정보 유출 문제가 발생할 수 있어서 로그를 없애거나 최소한으로만 출력해야 합니다. 이때 Gradle을 사용하면 손쉽게 대처할 수 있습니다(디버그 모드와 릴리스 모드는 빌드 타입^{Build Type}이라고 하는데, 자세한 내용은 7장에서 다룹니다).

안드로이드 Gradle에서는 빌드 타입별로 동일 라이브러리지만, 서로 다른 바이너리를 참조하게 조정할 수 있습니다. 다음 예는 디버그 모드와 릴리스 모드에 따라 'LeakCanary'라는 라이브러리[03]의 서로 다른 바이너리를 참조하고 있습니다.

```
dependencies {
    debugCompile 'com.squareup.leakcanary:leakcanary-android:1.3'
    releaseCompile 'com.squareup.leakcanary:leakcanary-android-no-op:1.3'
}
```

4.2.3 안드로이드 유닛 테스트 참조하기

안드로이드 애플리케이션의 테스트에는 2가지가 있습니다. 에뮬레이터 또는 타깃 디바이스를 활용하여 안드로이드 UI를 테스트하는 안드로이드 테스팅과 새롭게 추가된 로컬 유닛 테스팅입니다. 로컬 유닛 테스팅은 로컬 PC에 있는 JVM을 활용하기 때문에 속도가 우수합니다. 테스팅에 관한 자세한 내용은 6장에서 다룹니다. 다음 예는 안드로이드 테스팅을 할 때 JUnit 4.12와 Robotium solo 5.2.1[04]을 참조하고 있습니다.

```
dependencies {
    androidTestCompile 'junit:junit:4.12'
    androidTestCompile 'com.jayway.android.robotium:robotium-solo:5.2.1'
}
```

4.2.4 공개 라이브러리 참조하기 – JAR 파일

Java가 융성할 수 있었던 이유는 풍부한 오픈소스 라이브러리가 있었기 때문입니다. 이제 웬만한 안드로이드 오픈소스 라이브러리는 Gradle 참조 방식을 제공합니다.

---

03 LeakCanary는 메모리 릭(Leak)을 검출하는 라이브러리입니다. https://github.com/square/leakcanary
04 https://github.com/robotiumtech/robotium

다음은 비동기 방식을 제공하는 HTTP 클라이언트와 웹소켓 클라이언트를 지원하는 AndroidAsync를 참조하는 예입니다. AndroidAsync의 Github 홈페이지[05]에 가보면 JAR 파일을 직접 다운로드하여 추가하는 방식과 Gradle에서 간편하게 추가하는 방식 모두를 소개하고 있습니다. 어느 것이 편리할지는 한눈에 알 수 있습니다.

그림 4-2 AndroidAsync 참조 방법

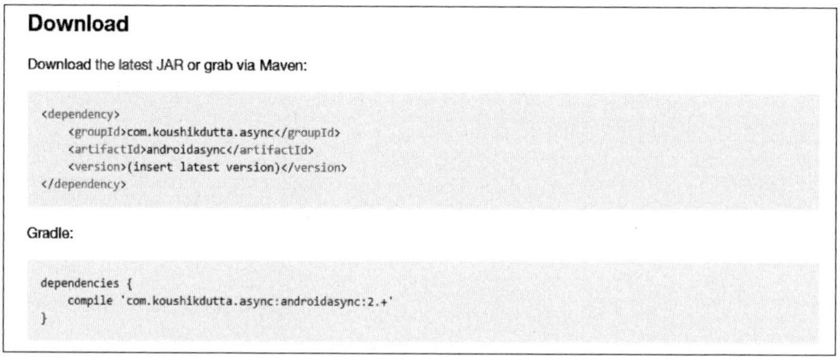

```
Download

Download the latest JAR or grab via Maven:

<dependency>
    <groupId>com.koushikdutta.async</groupId>
    <artifactId>androidasync</artifactId>
    <version>(insert latest version)</version>
</dependency>

Gradle:

dependencies {
    compile 'com.koushikdutta.async:androidasync:2.+'
}
```

4.2.5 공개 라이브러리 참조하기 - AAR 파일

네이티브 안드로이드에서 제공하지 않는 추가적인 UI 컴포넌트 또는 외부 위젯을 참조할 때는 JAR 파일이 아니라 AAR[Android Archive] 파일을 참조합니다. JAR을 참조할 때와 마찬가지로 compile 명령을 사용하고 @aar을 붙여줍니다. 다음 예는 Pushbullet android extensions API를 참조하는 방법입니다.

```
dependencies {
    compile 'com.pushbullet:android-extensions:1.0.4@aar'
}
```

---

05 https://github.com/koush/AndroidAsync

4.2.6 로컬에 있는 AAR 파일 참조하기

4.2.1 다른 모듈의 소스 코드 참조하기에서는 타 부서와 함께 개발할 때 소스 코드가 공통 VCS에 있다고 가정하였습니다. 이번에는 생성한 AAR 파일을 jCenter나 mavenCentral 같은 외부 저장소에 공개할 수 없는 경우입니다. JAR 파일과 마찬가지로 libs 폴더에 복사한 후에 Gradle을 통해 참조할 수 있습니다.[06] 이때는 모듈 build.gradle 파일의 dependencies 블록만 변경해서는 안 되고 repositories 블록도 함께 변경해야 합니다.

[repositories 변경]

```
repositories {
    flatDir {
        dirs 'libs'
    }
}
```

다음 예에서 mylibrary 라이브러리 모듈의 패키지 이름은 'com.example.mylibrary'이고, AAR 파일 이름은 'mylibrary-debug'이며 버전은 '1.0'입니다.

```
dependencies {
    compile 'com.example.mylibrary:mylibrary-debug:1.0@aar'
}
```

이 방법은 유연성에 문제가 있습니다. 과거 이클립스 때와 같이 로컬에 보유한 파일만 참조할 수 있는 것인데, 예를 들어 현재 버전이 1.0인데 0.9 버전에서는 잘 동작하던 기능에 문제가 생겼다면 libs 폴더에 있는 1.0 버전을 제거하고 0.9 버전의 AAR 파일을 넣고 다시 빌드해서 확인해야 합니다. 이러한 문제를 예방하기 위해서는 로컬 저장소를 만들어야 합니다. 이에 관한 자세한 내용은 5장에서 다루겠습니다.

---

06 이클립스의 ADT(Android development toolkit)에서는 AAR을 지원하지 않습니다. https://code. google.com/p/android/issues/detail?id=59183

4.2.7 .so(JNI) 파일 참조하기

성능이 중요하거나 금융 애플리케이션과 같이 보안이 강화되어야 하는 애플리케이션을 개발하는 경우 외부 라이브러리는 .so 형태로 배포해서 참조해야 합니다. .so 파일을 참조하기 위해서는 android 블록을 변경하는데, libs 폴더 하위에 x86, armeabi-v7a, armeabi 폴더를 만들고 그에 맞는 .so 파일을 복사하면 됩니다(자세한 내용은 JNI 관련 서적을 참고하기 바랍니다).

sourceSets은 안드로이드 애플리케이션을 Gradle로 빌드하기 위해 사전에 약속된 폴더 구조입니다. 메인 소스의 jniLibs.srcDirs 항목을 libs로 지정합니다.

[.so 파일 참조하기]

```
android {
    sourceSets {
        main {
            jniLibs.srcDirs = ['libs']
        }
    }
}
```

4.3 Omni Notes 사례

앞에서 언급한 기본적인 방법과 그 외 일곱 가지 방법을 사용하면 대부분 프로젝트에서 문제가 없습니다. 이번에는 'Omni Notes'라는 안드로이드 애플리케이션의 build.gradle 사례를 보면서 이를 한 번 더 확인해 보겠습니다.

Omni Notes의 소스 코드는 Github에 공개되어 있습니다. 가능하면 소스 코드를 git clone하거나 통째로 다운로드하여 안드로이드 스튜디오에서 빌드해보길 권합니다. 여기서는 omniNotes 모듈의 build.gradle 파일에서 외부 라이브러리 참조가 어떻게 발생하는지 살펴보겠습니다.

build.gradle 파일의 내용은 https://github.com/federicoiosue/
Omni-Notes/blob/develop/omniNotes/build.gradle에서 확인할 수 있
습니다. 꽤 긴 내용이지만 차분하게 읽어보면 배울 점이 많습니다. 여기서는 전체
내용 중 의미 있는 내용을 위주로 살펴보겠습니다.

```
dependencies {
    androidTestCompile 'junit:junit:4.12'
    androidTestCompile 'com.jayway.android.robotium:robotium-solo:5.5.3'
    compile fileTree(include: '*.jar', dir: 'libs')
    compile 'com.github.flavienlaurent.datetimepicker:library:0.0.2'
    compile 'com.larswerkman:HoloColorPicker:1.4'
    compile 'com.jakewharton:disklrucache:2.0.2'
    compile 'de.keyboardsurfer.android.widget:crouton:1.8.4@aar'
    compile 'com.google.android.apps.dashclock:dashclock-api:2.0.0'
    compile('ch.acra:acra:4.8.5') {
        exclude group: 'org.json'
    }
    compile 'com.github.gabrielemariotti.changeloglib:changelog:2.0.0'
    compile 'be.billington.calendar.recurrencepicker:library:1.1.1'
    compile 'com.android.support:appcompat-v7:23.1.0'
    compile 'com.android.support:design:23.1.0'
    compile 'de.greenrobot:eventbus:2.4.0'
    compile 'com.pushbullet:android-extensions:1.0.4@aar'
    compile 'com.getbase:floatingactionbutton:1.10.1'
    compile 'com.nhaarman.listviewanimations:lib-core:3.1.0@aar'
    compile 'com.nhaarman.listviewanimations:lib-manipulation:3.1.0@aar'
    compile 'com.github.bumptech.glide:glide:3.6.1'
    compile('com.github.afollestad.material-dialogs:core:0.8.5.6@aar') {
        transitive=true
    }
    compile('com.github.afollestad.material-dialogs:commons:0.8.5.6@aar') {
        transitive=true
    }
    compile 'com.jakewharton:butterknife:7.0.1'
    compile('org.mnode.ical4j:ical4j:1.0.6') {
        exclude group: 'commons.io'
    }
    debugCompile 'com.squareup.leakcanary:leakcanary-android:1.3'
    releaseCompile 'com.squareup.leakcanary:leakcanary-android-no-op:1.3'
    compile 'com.pnikosis:materialish-progress:1.5'
    compile 'com.github.paolorotolo:appintro:1.3.0'
```

```
    compile 'io.nlopez.smartlocation:library:3.2.0'
    compile 'io.reactivex:rxandroid:1.0.1'
    compile 'io.reactivex:rxjava:1.0.14'
    compile 'com.artemzin.rxjava:proguard-rules:1.0.14.2'
    compile 'com.tbruyelle.rxpermissions:rxpermissions:0.4.2@aar'
    compile 'org.ocpsoft.prettytime:prettytime:3.2.7.Final'
    compile 'org.piwik.sdk:piwik-sdk:0.0.4'
    compile 'com.github.federicoiosue:SimpleGallery:1.2.0'
    compile 'com.github.federicoiosue:Springpad-Importer:1.0.1'
    compile 'com.github.federicoiosue:Omni-Notes-Commons:1.1.0'
    compile 'com.github.federicoiosue:checklistview:3.1.3'
    compile 'com.github.federicoiosue:pixlui:2.6'
}
```

먼저 유닛 테스트에 관한 부분입니다. androidTestCompile은 안드로이드 UI 테스팅을 할 때 JUnit 4.12와 Robotium-solo 5.5.3을 참조한다는 의미로(6장 테스트 참조) testCompile과 구별됩니다.

```
androidTestCompile 'junit:junit:4.12'
androidTestCompile 'com.jayway.android.robotium:robotium-solo:5.5.3'
```

두 번째는 모듈의 libs 폴더에 있는 JAR 파일들을 포함합니다. Hello World 프로젝트와 동일합니다.

```
compile fileTree(include: '*.jar', dir: 'libs')
```

세 번째는 참조하는 대상이 JAR 파일이 아니라 AAR 파일인 경우입니다. @aar을 추가합니다.

```
compile 'de.keyboardsurfer.android.widget:crouton:1.8.4@aar'
compile 'com.pushbullet:android-extensions:1.0.4@aar'
compile 'com.nhaarman.listviewanimations:lib-core:3.1.0@aar'
compile 'com.nhaarman.listviewanimations:lib-manipulation:3.1.0@aar'

compile 'com.tbruyelle.rxpermissions:rxpermissions:0.4.2@aar'
```

네 번째는 참조하는 라이브러리가 내부적으로 다른 라이브러리를 참조하는 경우입니다.

```
compile('ch.acra:acra:4.8.5') {
    exclude group: 'org.json'
}
compile('org.mnode.ical4j:ical4j:1.0.6') {
    exclude group: 'commons.io'
}
```

네 번째에서 acra 4.8.5와 ical4j 1.0.6을 참조하는데, 그 과정에서 org.json 그룹과 commons.io 그룹을 제외합니다. 여기서 참조하는 그룹은 ch.acra와 org.mnode.ical4j인데 org.json과 commons.io는 왜 제외할까 하는 의문이 생깁니다.

Gradle은 외부 라이브러리를 가져올 때 그 라이브러리가 내부적으로 참조하는 다른 라이브러리도 함께 가져옵니다. 이렇게 명시적으로 지정하지는 않았지만 지정한 외부 라이브러리 때문에 발생하는 추가적인 의존성을 전이적 의존성Transitive Dependency라고 합니다. Gradle은 추가적인 라이브러리를 다운로드할 뿐만 아니라 버전 충돌을 해결하는 기능도 수행하고 있습니다.

다섯 번째는 명시적으로 transitive 옵션을 주는 것입니다.

```
compile('com.github.afollestad.material-dialogs:core:0.8.5.6@aar') {
    transitive=true
}
compile('com.github.afollestad.material-dialogs:commons:0.8.5.6@aar') {
    transitive=true
}
```

@aar를 붙여 AAR 파일을 참조하게 되면 해당 AAR 파일만 다운로드합니다. 이를 'Artifact only notation'이라고 부르며 transitive 옵션은 false로 변경

됩니다. 명시적으로 transtive = true를 선언하는 경우에만 AAR 파일이 필요로 하는 라이브러리를 추가로 다운로드합니다.[07]

여섯 번째는 빌드 타입에 따라 다른 라이브러리를 참조하는 경우입니다. 앞에서 설명한 내용으로, 디버그 모드와 릴리스 모드 시 서로 다른 바이너리를 참조합니다. 다른 바이너리를 참조하는 이유는 릴리스 모드에서는 LeakCanary 라이브러리가 동작하면 안 되기 때문입니다.

```
debugCompile 'com.squareup.leakcanary:leakcanary-android:1.3'
releaseCompile 'com.squareup.leakcanary:leakcanary-android-no-op:1.3'
```

마지막은 재미있는 내용입니다. 원래 다른 개발자가 만든 오픈소스 라이브러리인데, Omni Notes에 가져오면서 소스 코드를 일부 변형하여 개발자 본인의 Github에서 참조하고 있습니다.

```
compile 'com.github.federicoiosue:SimpleGallery:1.2.0'
compile 'com.github.federicoiosue:Springpad-Importer:1.0.1'
compile 'com.github.federicoiosue:Omni-Notes-Commons:1.1.0'
compile 'com.github.federicoiosue:CheckListView:3.1.3'
compile 'com.github.federicoiosue:pixlUI:2.6'
```

Omni Notes의 Github을 보면 개발자 본인이 변경한 오픈소스 라이브러리의 원래 위치를 기재하고 해당 개발자들에게 감사의 인사를 전하고 있습니다.

- https://github.com/derekbrameyer/android-betterpickers
- https://github.com/gabrielemariotti/changeloglib
- https://github.com/LarsWerkman/HoloColorPicker
- https://github.com/keyboardsurfer
- https://github.com/neopixl/PixlUI

---

07 http://stackoverflow.com/questions/22795455/transitive-dependencies-not-resolved-for-aar-library-using-gradle

chapter 5

멀티 프로젝트 활용

Gradle에서는 프로젝트를 싱글 프로젝트나 멀티 프로젝트로 구성할 수 있습니다. 싱글 프로젝트는 단일 모듈로 전체 프로젝트를 구성하고(이클립스의 프로젝트와 같은 개념), 멀티 프로젝트는 프로젝트 하위 폴더에 여러 개의 모듈을 추가할 수 있습니다. 안드로이드 스튜디오에서는 프로젝트를 생성하면 자동으로 멀티 프로젝트로 구성되고, 하위에는 app 모듈이 추가되어 있습니다. 모듈 개념으로 인해 기본적인 폴더 구조가 복잡해졌지만, 모듈을 잘 활용할 수 있게 되면 오히려 편리한 구조입니다.

5.1 Android 뷰와 Project 뷰

멀티 프로젝트를 활용하려면 달라진 폴더 구조를 알아야 합니다. 안드로이드 스튜디오에서는 Android 뷰와 Project 뷰 등을 제공하는데, 프로젝트 생성 시 기본값은 Android 뷰입니다. Hello World 프로젝트를 기준으로 살펴보겠습니다.

Android 뷰는 코딩할 때 편리한 뷰를 제공합니다. manifests 폴더와 java 폴더에는 각각 AndroidManifest.xml과 소스 코드가 배치되어 있어 바로 참조할 수 있습니다. 또한, Gradle Scripts에는 프로젝트 build.gradle과 모듈별 build.gradle 파일을 한 곳에 모아 빌드 스크립트의 일관성을 유지하는 데 유리합니다.

하지만 어떻게 보면 Android 뷰는 안드로이드 스튜디오의 고민을 그대로 보여주고 있습니다. 멀티 프로젝트를 위해 확장된 폴더 구조는 개발자가 코딩할 때 필요한 것을 한눈에 볼 수 없어 불편하였습니다. Android 뷰는 점점 진화하고 있습니다. 예를 들어, Android Studio 1.4까지는 안드로이드 유닛 테스트 코드와 로컬 유닛 테스트 코드를 한눈에 볼 수 없었습니다. IDE 좌측에 가로로 배치된 Build variants를 눌러서 테스트 타입을 선택해야 했습니다. Android Studio 2.0부터는 안드로이드 유닛 테스트(androidTest) 코드와 로컬 유닛 테스트(test) 코드를 함께 보여줍니다.

그림 5-1 Android 뷰

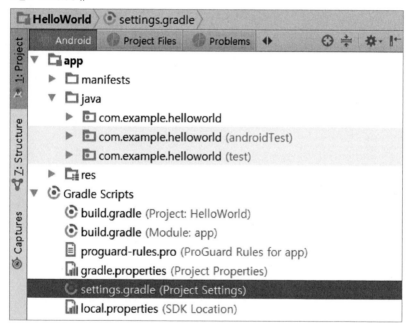

멀티 프로젝트 구조를 이해하려면 각 폴더의 세부 내용을 아는 것이 중요합니다.

이제 Project 뷰로 변경해 보겠습니다. Project 뷰는 물리적인 폴더의 내용을 그대로 표시합니다. 각 모듈의 전체 구조를 파악하는 데는 Project 뷰가 더 편리합니다.

그림 5-2 Project 뷰

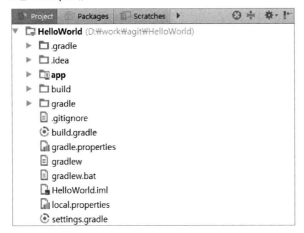

app 모듈의 세부 폴더 구조를 알아보겠습니다.

그림 5-3 app 모듈의 세부 폴더 구조

app 모듈은 [표 5-1]과 같은 폴더를 포함합니다. Android 뷰에서는 보이지 않는 폴더도 있습니다.

표 5-1 app 모듈의 폴더 내용

폴더	내용	참고

build	▼ ☐ build
	  ▶ ☐ generated
	  ▶ ☐ intermediates
	  ▼ ☐ outputs
	    ▼ ☐ apk
	      ▦ app-debug.apk
	      ▦ app-debug-unaligned.apk
	  ▶ ☐ logs
	  ▶ ☐ tmp
	
	빌드 후 생성된 APK 파일은 /build/outputs/apk 폴더에 생성됩니다.	

libs	내 프로젝트에 직접 포함하는 .jar 파일을 포함합니다.	
src/androidTest	안드로이드 유닛 테스팅 코드	6장 테스트
src/main/java	소스 코드	7장 빌드 변형
src/test	로컬 유닛 테스팅 코드	6장 테스트

5.2 안드로이드 라이브러리 모듈 만들기

멀티 프로젝트 구성이 유리한 점은 UI를 구성하는 애플리케이션(app) 모듈과 주요 기능 로직을 구성하는 라이브러리 모듈을 구별하여 개발할 수 있다는 점입니다. 안드로이드 라이브러리 모듈은 com.android.library 플러그인이 필요하고, 빌드 결과로는 AAR파일이 생성됩니다.

AAR 파일 형식에 관해 알아보겠습니다.[01] 기존의 JAR 파일과 다른 점은 마치 하나의 앱 처럼 안드로이드 화면을 포함할 수 있다는 점입니다. JAR 파일은 순수 로직만 포함할 수 있습니다. 예를 들어, 고도의 보안을 요구하는 인증authentication 모듈을 개발한다고 하면 안드로이드 라이브러리 모듈을 만들어서 보안 키보드 UI를 포함할 수 있습니다.

---

01 참조: http://tools.android.com/tech-docs/new-build-system/aar-format

AAR 파일에는 다음과 같은 내용을 포함할 수 있습니다. 소스 코드뿐만 아니라 res 폴더의 레이아웃^{layout} XML 파일과 이미지와 같은 리소스 파일 등을 포함할 수 있습니다.

- /AndroidManifest.xml(필수)
- /classes.jar(필수)
- /res/(필수)
- /R.txt(필수)
- /assets/(선택)
- /libs/*.jar(선택)
- /jni/〈abi〉/*.so(선택)
- /proguard.txt(선택)
- /lint.jar(선택)

안드로이드 라이브러리 모듈을 생성해보겠습니다. 먼저 안드로이드 스튜디오에서 [File → New → New Module]을 선택합니다.

그림 5-4 안드로이드 라이브러리 모듈 생성

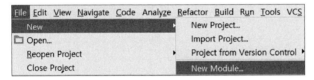

안드로이드 라이브러리 모듈을 선택합니다. 나머지는 app 모듈을 만들 때와 동일합니다. 이름은 'securelogin'으로 합니다.

그림 5-5 안드로이드 라이브러리 모듈 선택

생성이 완료되면 새로 추가한 securelogin 모듈이 settings.gradle에 포함되어 있습니다.

```
include ':app', ':securelogin'
```

[Builde → Make module 'securelogin']을 선택하면 [그림 5-7]과 같이 .aar 파일이 생성됩니다.

그림 5-6 빌드하기

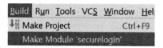

그림 5-7 .aar 파일 생성 확인

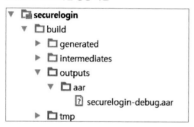

NOTE 실무에서 앱을 개발할 때 모듈 개수는 몇 개가 좋을까?

실무에서 모듈의 개수를 결정할 때는 필요한 기술 도메인의 종류와 협업하는 부서의 규모에 따라 달라집니다. 예를 들어, 마켓에 올라가는 단순한 기능을 가진 앱은 단일 모듈(app 모듈)로 충분합니다. 4장에서 다루었던 Omni Notes의 경우 필요한 라이브러리가 다양하고 앱 소스 코드의 LOC^{Line of Codes}도 중규모 이상이지만 'omniNotes'라는 단일 모듈로 구성되어 있습니다.

하지만 요즘 유행하는 핀테크^{Fintech} 앱과 같이 복합적인 서비스를 개발하는 경우 비즈니스 로직과 UI 부분, 사용자 인증과 같은 보안 부분을 각자의 전문 부서에서 나누어 개발하는 것이 유리할 것입니다. 이럴 때는 각 기능을 라이브러리 모듈로 나누어서 개발하면 개발 일정도 단축하고 SW의 품질도 높일 수 있습니다.

또한, 범용 라이브러리를 개발하는 경우 원래의 소스 코드와 라이브러리를 사용하는 외부 개발자가 동작을 확인할 수 있도록 샘플 코드를 'samples'와 같은 모듈로 분리해두면 편리합니다. 샘플 코드가 여러 개라면 'samples'라는 폴더 하위에 각 상황에 맞게 동작하는 모듈을 배치하면 됩니다.

5.3 로컬 저장소 만들기

5.3.1 로컬 저장소는 언제 필요한가

멀티 프로젝트는 앱 모듈과 다수의 라이브러리 모듈을 포함하는데, 모든 라이브러리 모듈의 소스 코드를 참조할 필요는 없습니다. 다른 회사나 부서에서 공동 개발하는 경우 배포되는 AAR 파일만 있으면 소스 코드 없이도 개발할 수 있습니다.

가장 손쉬운 방법은 외부에서 배포하는 .aar 파일을 내 프로젝트의 libs 폴더에 복사하는 것입니다(4.2.6 로컬에 있는 AAR 파일 참조하기 참고). 하지만 이 방식은 확장성에 문제가 있습니다. 포함하는 라이브러리 모듈이 10개 이상 된다면 어떨까요? 필자는 실제 프로젝트에서 20여 개의 라이브러리 모듈을 외부에서 공유받아 개발 프로젝트를 진행한 적이 있습니다. 개별적으로 파일을 취급해서는 도저히 버전 관리가 되지 않습니다.

가장 이상적인 형태는 공개된 저장소인 jCenter나 Maven Central에 올려놓는 것입니다. 그러면 app 모듈의 build.gradle에서 dependencies 블록에 각 모듈을 compile로 추가해주면 됩니다. 예를 들어, 앞서 생성한 securelogin 모듈이 공개 저장소에 올려져 있다면 다음과 같이 참조할 수 있습니다.

[프로젝트 build.gradle에서 jcenter( ) 확인]
```
allprojects {
    repositories {
        jcenter()   //jCenter에 올려져 있다고 가정함
    }
}
```

[모듈 build.gradle에 securelogin 추가]
```
dependencies {
    compile 'com.example.securelogin:securelogin:1.0@aar'
}
```

불행히도 기업에서 개발하는 상용 프로젝트는 내부 보안 문제로 이렇게 개발하기가 어렵습니다. 남은 것은 사내에 로컬 저장소를 만들어서 운영하는 방법입니다.

5.3.2 로컬 저장소 만드는 방법

Gradle에서 로컬 저장소를 지정하는 방법은 간단합니다. mavenLocal() 메서드를 사용하는데, mavenLocal()을 호출하면 $USER_HOME/.m2/repository 폴더를 로컬 저장소로 판단합니다.

```
allprojects {
    repositories {
        jcenter()
        mavenLocal()
    }
}
```

공동 작업을 위해 로컬 저장소를 사용하는 경우에는 앞의 방법보다 프로젝트 폴더의 하위에 로컬 저장소를 두는 것이 일반적입니다. 먼저 프로젝트 홈 폴더를 환경변수에 등록합니다.

그림 5-8 환경변수 등록

ORG_GRADLE_PROJECT_PROJECT_HOME 환경변수는 Gradle 스크립트에서 $PROJECT_HOME으로 참조할 수 있습니다. 다음과 같이 프로젝트의 build.gradle을 변경합니다.

```
allprojects {
```

```
    repositories {
        jcenter()
        maven {
            url "file://($PROJECT_HOME)./mavenRepository"
        }
    }
}
```

참조할 수 있는 로컬 저장소가 생성되었습니다. 로컬 저장소의 URL은
'file://$PROJECT_HOME/mavenRepository'입니다.

그다음 securelogin 모듈을 빌드한 결과를 로컬 저장소에 업로드 할 수 있도록
uploadArchive 블록을 정의합니다. securelogin 모듈의 build.gradle 파일
아래쪽에 다음 내용을 추가합니다(apply plugin 부분은 build.gradle 파일의 가장 위쪽
에 배치하는 것이 일반적이며, 동작과는 관계가 없습니다).[02]

```
apply plugin: 'maven'

group = 'com.example.securelogin'
version = '1.0'

uploadArchives {
    repositories {
        mavenDeployer {
            repository(url: "file://$PROJECT_HOME/mavenRepository")
        }
    }
}
```

이때 업로드할 로컬 저장소의 URL과 그룹 이름, 버전을 지정해야 합니다.
securelogin 모듈의 경우 저장소의 URL은 앞서 생성한 저장소의 URL을 사용
하고 그룹 이름은 'com.example.securelogin', 버전은 1.0으로 정하였습니다.

---

02 http://stackoverflow.com/questions/28361416/gradle-how-to-publish-a-android-library-
  to-local-repository

securelogin 모듈을 로컬 저장소에 업로드하려면 uploadArchive 태스크를 실행해야 하는데, Gradle은 태스크 이름의 일부만 맞아도 알아서 해당 태스크를 실행해줍니다. 예를 들어, 'uploadAr'만 입력해도 uploadArchive가 실행됩니다.

```
./gradlew :securelogin:uploadAr
```

그림 5-9 실행 결과

```
gp62@DESKTOP-DLLE9GS MINGW64 /d/work/agit/HelloWorld
$ ./gradlew :securelogin:uploadAr
:securelogin:preBuild UP-TO-DATE
:securelogin:preReleaseBuild UP-TO-DATE
:securelogin:compileReleaseNdk UP-TO-DATE
:securelogin:compileLint
:securelogin:copyReleaseLint UP-TO-DATE
:securelogin:checkReleaseManifest
:securelogin:preDebugAndroidTestBuild UP-TO-DATE
:securelogin:preDebugBuild UP-TO-DATE
```

실행하면 다음 폴더에 securelogin의 .aar 파일이 생성되어 있습니다.

그림 5-10 로컬 저장소에 업로드 결과

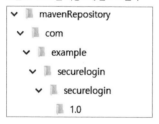

그림 5-11 업로드 결과 생성된 파일

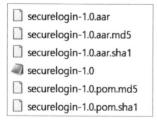

실제 생성된 폴더를 보면 group 이름과 모듈 이름, 버전명을 사용하여 하위 폴더를 만든 것을 알 수 있습니다.

```
group: com.example.securelogin
module: securelogin
version: 1.0
```

마지막으로 배포된 .aar 파일을 참조하는 방법입니다. app 모듈의 build.
gradle을 다음과 같이 변경합니다.

```
dependencies {
    compile 'com.example.securelogin:securelogin:1.0@aar'
}
```

이렇게 하면 app 모듈에서 securelogin 모듈의 액티비티를 직접 실행할 수 있
습니다.

```
startActivity(new Intent(this, SecureLoginActivity.class));
```

chapter 6

테스트

안드로이드 애플리케이션을 테스트하는 방법은 두 가지가 있습니다. 에뮬레이터나 타깃 디바이스를 활용하는 전통적인 안드로이드 테스트(Instrumentation Test 라고도 함)와 로컬 PC의 JVM을 활용하는 새로운 개념의 로컬 유닛 테스트입니다. 유닛 테스팅 프레임워크로는 Junit 3만 지원하였는데, 2015년 말부터는 Junit 4도 지원하고 있습니다. Junit 4가 2006년에 출시되었으므로 JUnit 4 지원이 최근에야 가능하다는 것은 시기가 다소 늦은 감이 있습니다.

> **NOTE**
>
> 안드로이드 로컬 유닛 테스트는 Google I/O 2015의 'What's New in Android Developments' 세션에서 소개되었습니다. 이 세션에서는 안드로이드 개발 환경의 개선 방향에 관해 Design, Develop, Test 부문으로 나누어 발표하였는데, 로컬 유닛 테스트는 로컬 JVM을 활용하기 때문에 타깃 디바이스 연결이 필요 없고 테스트 코드의 전체 실행 속도가 향상되는 효과가 있습니다. 안드로이드 테스트에서는 APK를 생성하여 타깃 디바이스에 설치하고 실행하는 과정에서 시간 소모가 많습니다.

각 모듈에는 소스 코드와 두 가지 테스트 코드가 함께 있습니다. 소스 코드 개발과 테스트를 한 모듈에서 수행하므로 프로젝트를 별도로 생성하지 않아도 되는 장점이 있습니다. Android Studio 2.0에서는 이전 버전과 다르게 안드로이드 테스트와 일반 JUnit 테스트 코드를 한 번에 표시할 수 있습니다.[01]

---

01 1.x 버전에서는 안드로이드 테스트 또는 일반 JUnit 테스트 중 한 가지만 표시할 수 있어서 다른 테스트를 하려면 IDE 좌측의 Build variants를 클릭하고 Test Artifact를 변경해야 합니다.

그림 6-1 Android Studio 2.0에서는 androidTest와 test를 함께 보여줌

이번 장에서는 Gradle을 활용하여 안드로이드 테스트 코드와 로컬 유닛 테스트 코드를 실행하고 'Espresso'라는 UI 테스팅 프레임워크를 연동하는 방법에 대해 다룹니다. 그리고 로컬 유닛 테스트의 제약과 한계점에 대해서도 언급하겠습니다.

6.1 로컬 유닛 테스트

로컬 유닛 테스트 코드 실행 시 필요한 라이브러리는 모듈 build.gradle 파일의 dependencies 블록에 정의합니다. 다음 예에서는 testCompile 명령을 사용하여 JUnit 4.12를 지정하였습니다.

```
testCompile 'junit:junit:4.12'
```

기본으로 제공되는 테스트 코드는 다음과 같습니다. Junit 4에서는 테스트 코드에 @Test라는 애너테이션을 부착합니다. 과거 Junit 3와 같이 메서드 이름 앞에 test라는 접두사를 붙이지 않아도 됩니다.

```
public class ExampleUnitTest {
    @Test
    public void addition_isCorrect() throws Exception {
        assertEquals(4, 2 + 2);
    }
}
```

로컬 유닛 테스트 코드를 실행하는 방법은 간단합니다. 패키지 명인 'com.example.helloworld'를 우클릭을 하고 'Run Tests in helloworld(단축키 Ctrl+Shift+F10)'을 클릭하면 하단의 Run 창에 테스트 결과가 표시됩니다. 기존의 안드로이드 테스트와는 다르게 에뮬레이터나 타깃 디바이스를 물어보는 팝업이 발생하지 않습니다.

그림 6-2 로컬 유닛 테스트 실행 결과

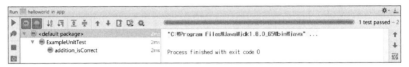

로컬 유닛 테스트를 실행할 때 호출되는 Gradle 태스크에는 어떤 것이 있을까요? 안드로이드 스튜디오 우측 하단의 Gradle 콘솔에 실행 결과가 표시됩니다.

그림 6-3 로컬 유닛 테스트 실행 시 Gradle 콘솔

중요한 태스크는 다음과 같습니다.

```
:app:mockableAndroidJar UP-TO-DATE
:app:compileDebugUnitTestSources UP-TO-DATE
```

첫 번째, mockablableAndroidJar 태스크는 안드로이드에서 제공하는 android.jar 파일을 mock 인터페이스로 컴파일합니다. 로컬 유닛 테스트가 동작하려면 안드로이드 코드에 대한 mock 인터페이스가 필요합니다. mock 인터페이스 호출 시 가짜 객체(mock object)를 주입하는 경우도 있는데, 가짜 객체를

이용한 테스트 기법에 관한 내용은 구글 문서를 참고하기 바랍니다.[02]

mockableAndroidJar 태스크의 실행 결과는 /build/generated/
mockable-android-23.jar입니다. 버전 23은 compileSDK의 버전을 따라
갑니다.

그림 6-4 mockableAndroidJar 태스크의 실행 결과

두 번째, compileDebugUnitTestSources 태스크입니다. 태스크 이름처럼 디
버그 모드로 로컬 유닛 테스트 코드를 컴파일합니다. 만약 릴리스 모드로 테스트
코드를 컴파일하는 경우 compileReleaseUnitTestSource 태스크가 실행됩
니다.

IDE 뿐만 아니라 콘솔에서도 테스트 코드를 실행할 수 있습니다. 예를 들어, 젠킨
스와 같은 CI^Continuous Integration 도구와 연동하는 경우 콘솔에서 변경된 소스 코드
에 대해 로컬 유닛 테스트를 실행할 수 있습니다. IDE가 없기 때문에 HTML 포
맷으로 실행 결과가 출력됩니다.

다음과 같이 app 모듈의 testDebug 태스크를 실행하여 디버그 모드로 테스트
코드를 실행하고 결과 보고서를 출력합니다.

```
./gradlew :app:testDebug
```

---

02 http://developer.android.com/intl/ko/training/testing/unit-testing/local-unit-tests.
html#build

그림 6-5 app/build/resports/tests/debug 폴더에 테스트 결과가 저장됨

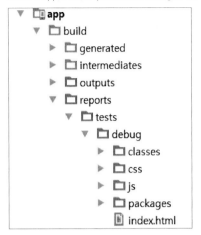

테스트 결과는 다음과 같이 표시됩니다.

그림 6-6 테스트 결과

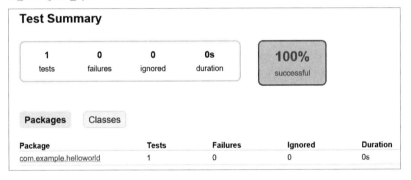

6.2 안드로이드 테스트

안드로이드 테스트 코드는 Activity, Fragment, TextView와 같은 안드로이드
UI 컴포넌트와 유틸리티 클래스 같은 일반 Java 클래스를 모두 테스트할 수 있습
니다. 단, 에뮬레이터나 타깃 디바이스에서 실행해야 하는 제약이 있습니다.

안드로이드 테스트는 app 모듈의 경우 /app/src/androidTest/java 폴더에 위치하며, 실행하는 방법은 로컬 유닛 테스트와 유사합니다. com.example.helloworld 패키지를 우클릭하고 'Run Tests in com.example.helloworld(단축키 Ctrl+Shift+F10)'을 실행합니다.

그림 6-7 안드로이드 테스트 코드의 위치(Project 뷰)

다음은 새로 추가한 안드로이드 테스트 코드입니다. MainActivity의 main_label 텍스트가 올바르게 표시되는지를 확인합니다.

```
public class MainActivityTest extends ActivityInstrumentationTestCase2<MainActivity> {

    public MainActivityTest() {
        super(MainActivity.class);
    }

    public void testHelloWorldLabel() {
        Activity act = getActivity();

        String expectedString = act.getString(R.string.main_label);

        TextView mainLabel = (TextView)act.findViewById(R.id.mainLabel);
        String actualString = mainLabel.getText().toString();

        assertEquals(expectedString, actualString);
    }
}
```

실행 결과는 Run 창에 표시됩니다. Android Studio 2.0에서는 각 메서드의 실행시간이 ms 단위로 표시되는데, 여기서는 총 553ms가 걸렸습니다.

그림 6-8 **실행 결과**

이제 Gradle 콘솔을 살펴봅니다. 첫 번째 mockableAndroidJar 태스크는 더는 표시되지 않습니다. 그리고 compileDebugAndroidTestSources라는 태스크가 실행되는데, UnitTest가 아니라 AndroidTest로 바뀌었습니다.

```
:app:compileDebugAndroidTestSources
```

안드로이드 테스트도 콘솔에서 실행할 수 있습니다. 젠킨스와 같은 CI 도구와 연동할 때도 마찬가지입니다. 다음과 같이 connectedAndroidTest 태스크를 실행합니다.

[콘솔로 테스트하기]
```
./gradlew :app:connectedAndroidTest

$ adb push D:\work\agit\HelloWorld\app\build\outputs\apk\app-debug-androidTest-
unaligned.apk /data/local/tmp/com.example.helloworld.test
$ adb shell pm install -r "/data/local/tmp/com.example.helloworld.test"
    pkg: /data/local/tmp/com.example.helloworld.test
Success //인스톨 성공
$ adb shell am instrument -w -r   -e debug false -e class com.example.
helloworld.MainActivityTest#testHelloWorldLabel com.example.helloworld.test/
android.test.InstrumentationTestRunner
//am 명령으로 타깃(에뮬레이터)에 실행되었습니다.
```

6.3 Espresso 연동하기

실무에서 안드로이드 테스트 코드를 작성하는 일은 만만치 않습니다. 예를 들어, 정적인 TextView의 레이블을 검사하거나 버튼을 누르는 동작의 테스트는 간단하지만, 시나리오 테스트나 실제 사용자 동작을 추적하는 테스트의 경우 코드를 작성하고 유지 보수하는 일에 많은 노력이 들어갑니다. 특히 기능이 자주 변경되는 경우에는 더욱 그러합니다.

안드로이드 테스트를 쉽게 작성할 수 있는 라이브러리가 많이 있습니다. 초창기에는 'Robotium'이 시나리오 테스트에 많이 활용되었으나 최근에는 'Espresso'가 더 강력한 기능을 지원하고 있습니다. Espresso는 Android Testing Support Library에 편입되었습니다. 이 절에서는 Espresso와 연동하는 방법을 살펴보겠습니다.[03]

app 모듈의 build.gradle에 내용을 추가하는데, 먼저 defaultConfig 블록에 추가할 내용입니다.

```
defaultConfig {
    ...
    testInstrumentationRunner "android.support.test.runner.AndroidJUnitRunner"
}
```

그다음 dependencies 블록에 추가할 내용입니다.

```
androidTestCompile 'com.android.support.test:runner:0.4.1'
androidTestCompile 'com.android.support.test.espresso:espresso-core:2.2.1'

compile 'com.android.support:appcompat-v7:23.0.1'
```

---

03 https://google.github.io/android-testing-support-library/docs/espresso/index.html

주의해야 할 점은 appcompat 라이브러리는 23.0.1로 낮춰야 합니다. HelloWorld 프로젝트의 appcompat 버전은 23.1.1이지만, Espresso와 버전 충돌이 발생하여 23.0.1로 맞춥니다. 이렇게 하지 않으면 빌드 시 오류가 발생합니다.

```
Warning:Conflict with dependency 'com.android.support:support-annotations'.
Resolved versions for app (23.1.1) and test app (23.0.1) differ.
See http://g.co/androidstudio/app-test-app-conflict for details.
```

MainActivity 화면에 버튼을 추가합니다. 'start' 버튼을 누르면 텍스트가 'done'으로 변경됩니다.

```java
public class MainActivity extends AppCompatActivity {
    Button mButton;

    @Override
    protected void onCreate(Bundle savedInstanceState) {
        super.onCreate(savedInstanceState);
        setContentView(R.layout.activity_main);

        mButton = (Button) findViewById(R.id.mainButton);
        mButton.setText(R.string.btn_start);
        mButton.setOnClickListener(new View.OnClickListener() {
            @Override
            public void onClick(View v) {
                mButton.setText(R.string.btn_done);
            }
        });
    }
}
```

다음은 버튼의 동작을 확인하는 Espresso 코드입니다. 실제 테스트를 수행하는 코드는 두 줄에 불과합니다.

```java
import android.support.test.rule.ActivityTestRule;
```

```java
import android.support.test.runner.AndroidJUnit4;

import org.junit.Rule;
import org.junit.Test;
import org.junit.runner.RunWith;

import static android.support.test.espresso.Espresso.onView;
import static android.support.test.espresso.action.ViewActions.click;
import static android.support.test.espresso.assertion.ViewAssertions.matches;
import static android.support.test.espresso.matcher.ViewMatchers.withId;
import static android.support.test.espresso.matcher.ViewMatchers.withText;

@RunWith(AndroidJUnit4.class)
public class MainActivityEsspressoTest {

    @Rule
    public ActivityTestRule<MainActivity> mActivityRule =
        new ActivityTestRule<>(MainActivity.class);

    @Test
    public void buttonShouldUpdateText(){
    onView(withId(R.id.mainButton)).perform(click());
    onView(withId(R.id.mainButton)).check(matches(withText("Done")));
    }
}
```

테스트를 실행하는 방법은 안드로이드 테스트와 동일합니다.

그림 6-9 Espresso 테스트 코드 실행 결과

다음과 같이 콘솔로 테스트합니다.

./gradlew :app:connectedAndroidTest

결과는 app/build/reports/androidTests/connected/index.html에서
확인할 수 있습니다.

그림 6-10 테스트 결과

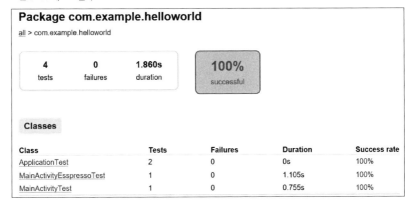

6.4 로컬 유닛 테스트의 제약사항

로컬 유닛 테스트는 타깃 디바이스에 APK를 설치하지 않아 테스트 실행 속도가
빨라지는 장점이 있지만, 안드로이드 기기가 아닌 PC에서 실행되기 때문에 많은
제약이 있습니다.

예를 들어, 숫자를 더하는 메서드에 로그를 출력하는 문장이 있습니다.

```
public static int add(int intput1, int input2) {
    Log.d(TAG, "add function input : { " + input1 + " , " + input2 +  "}");
    return intput1 + input2;
}
```

앞의 메서드를 테스트하는 로컬 유닛 테스트를 실행하면 다음과 같은 오류가
발생합니다. 이유는 앞서 mockableAndroidJar 태스크를 실행하여 만든
mockable-android-23.jar 파일에는 android.util.Log 클래스에 대한

mock 인터페이스가 제공되지 않기 때문입니다.[04]

```
java.lang.RuntimeException: Method d in android.util.Log not mocked. See
http://g.co/androidstudio/not-mocked for details.
    at android.util.Log.d(Log.java)
    at com.example.helloworld.CommonUtil.add(CommonUtil.java:32)
    at com.example.helloworld.CommonUtilUnitTest.testAdd(CommonUtilUnitTest.
java:15)
```

이를 피하려면 모듈 build.gradle에 다음 내용을 추가해야 합니다.

```
android {
    // ...
    testOptions {
        unitTests.returnDefaultValues = true
    }
}
```

근본적으로 해결하려면 PowerMock과 같은 라이브러리를 활용하여 Log 클래스의 static 메서드를 위한 가짜 객체를 주입하는 방법이 있습니다. 이는 사전지식이 필요한 내용이므로 자세한 내용은 PowerMock 관련 문서를 참조하시기 바랍니다.[05]

---

04 http://tools.android.com/tech-docs/unit-testing-support#TOC-Method-...-not-mocked.
05 https://blog.codecentric.de/en/2011/11/testing-and-mocking-of-static-methods-in-java/

chapter 7

빌드 변형

앞에서도 언급했듯이 안드로이드에 Gradle을 도입한 목표 중에 하나는 단일 소스 코드로 목적에 맞는 다양한 APK를 생성하는 것입니다.[01] 이클립스처럼 프로젝트를 여러 개 생성하는 것이 아니라 모듈 내부에서 디버그, 릴리스와 같은 빌드 타입별로 세부사항을 변경하거나 Lite version, Full version과 같이 기능 일부를 비활성화할 수도 있습니다. 이런 빌드 타입 지원으로 인한 폴더 구조의 변화는 5장에서 다루었습니다.

빌드 변형Build variants은 빌드 타입과 제품 특성Product flavors을 합한 개념입니다. 예를 들어, 어떤 모듈에 두 가지 빌드 타입과 세 가지 제품 특성이 존재한다면 전체 빌드 변형은 '$2 \times 3 = 6$'가지가 됩니다. 그만큼 세분화할 수 있지만, 너무 많아지면 가독성과 유지보수성이 떨어질 수도 있으니 주의해야 합니다.

이 장에서는 이런 빌드 타입과 제품 특성에 관해 알아보겠습니다.

7.1 빌드 타입

빌드 타입에는 디버그와 릴리스가 있습니다. 디버그 빌드는 개발 시 사용하고, 안드로이드 SDK에서 제공하는 디버그 키로 서명하며 디버깅에 필요한 내용들을 포함합니다. 릴리스 빌드는 마켓 등 외부 배포 시에 사용하고, 기본으로 서명하지 않습니다. 별도로 키의 종류, 키스토어keystore 등의 서명 정보를 지정해야 합니다.

---

01 http://tools.android.com/tech-docs/new-build-system/user-guide

안드로이드 스튜디오에서 프로젝트를 생성하면 app 모듈의 build.gradle에서 빌드 타입에 따라 다른 동작을 정의하고 있습니다. android 블록 아래에 있는 buildTypes 블록은 빌드 타입을 추가하거나 기존 디버그, 릴리스 빌드의 동작을 재정의할 수 있습니다.

다음 예는 디버그 빌드는 기본값을 그대로 사용하고, 릴리스 빌드 때는 프로가드 ProGuard를 비활성화하였습니다.

```
buildTypes {
    release {
        minifyEnabled false
        proguardFiles getDefaultProguardFile('proguard-android.txt'), 'proguard-rules.pro'
    }
}
```

프로가드를 활성화하려면 minifyEnabled를 true로 변경합니다. 프로가드는 소스 코드를 난독화하여 역 컴파일을 방지합니다.

assemble 태스크는 APK/AAR 파일을 빌드하는데, 디버그 빌드인지 릴리스 빌드인지 지정하지 않으면 /app/build/outputs/apk/ 폴더 안에 디버그와 릴리스 용 APK가 모두 생성됩니다(빌드 타입을 추가하였다면 추가된 타입의 빌드까지 함께 수행됩니다).

```
./gradlew :app:assemble
```

그림 7-1 assemble 태스크를 실행 결과

이름
☐ app-debug.apk
☐ app-debug-unaligned.apk
☐ app-release-unsigned.apk

[표 7-1]은 빌드 타입에서 재정의할 수 있는 속성을 보여줍니다.

표 7-1 빌드 타입에서 재정의할 수 있는 속성

속성 이름	디버그 빌드 기본값	릴리스 빌드와 그 외 기본값
debuggable	true	false
jnidebuggable	false	false
applicationIdSuffix	null	null
versionNameSuffix	null	null
siginging config	android.signingConfigs.debug	null
zipAlignedEnabled	false	true
minifyEnabled	false	false

NOTE

실제 업무에서 빌드 타입을 재정의하는 경우는 드뭅니다. 기능을 변경하거나 리소스를 교체하는 경우에는 다음 절에서 논의할 제품 특성을 추가하고, 빌드 자체의 속성을 변경하는 경우에는 빌드 타입을 추가합니다. 예를 들어, staging 빌드 타입을 추가하는 방법은 다음과 같습니다. 처음부터 새로 정의하기보다 'initWith'라는 메서드를 활용하면 기존 빌드 타입의 값을 가져올 수 있습니다.

```
android {
  buildTypes{
    staging.initWith(buildTypes.debug)
    staging {
      applicationIdSuffix  ".staging"//applicationId에 접미사 추가
    }
  }
}
```

7.2 앱 서명 첨부하기

릴리스 빌드할 때는 앱 서명signing에 관한 정보를 직접 지정해야 합니다. 앱 서명할 때는 모듈 build.gradle을 수정하는데, android 블록 아래에 signingConfigs를 입력합니다.[02]

---

02 keystore를 생성하는 방법과 keyAlias에 관해서는 일반적인 앱 서명을 참조하시기 바랍니다

```
signingConfigs {
    release {
        storeFile file('app.keystore')
        storePassword 'keystore'
        keyAlias 'key'
        keyPassword 'password'
    }
}
```

그다음 android 블록 아래에 있는 buildTypes 블록에서 앞에서 정의한 signingConfig를 참조합니다. 이때 siginingConfigs는 buildTypes 블록보다 먼저 정의되어야 합니다.

다음 예제의 문제점은 스크립트에 앱 서명에 관한 정보를 하드 코딩하였다는 것입니다.

```
buildTypes {
    release {
        signingConfig signingConfigs.release
        …   // 나머지 일반 내용…
    }
}
```

하지만 실무에서는 보안 이슈로 storePassword, keyAlias, keyPassword는 스크립트에 직접 기술하지 않고 배포 담당자 서버의 환경 변수에 별도로 지정합니다. 즉, buildTypes 블록은 그대로 두고 signingConfigs 블록을 변경합니다.

[환경변수를 참조하는 siginingConfigs] ————————————————————

```
signingConfigs {
    release {
        storeFile file('app.keystore')
        storePassword System.getenv("KEYSTORE_PASSWORD")
        keyAlias System.getenv("KEY_ALIAS")
        keyPassword System.getenv("KEY_PASSWORD")
```

```
    }
}
```

윈도우에서는 예를 들어, `KEYSTORE_PASSWORD`라는 환경 변수를 읽어 오려면 `ORG_GRADLE_PROJECT_KEYSTORE_PASSWORD`라는 환경 변수를 생성합니다. 같은 방식으로 `ORG_GRADLE_PROJECT_KEY_ALIAS`와 `ORG_GRADLE_PROJECT_KEY_PASSWORD`를 정의합니다.

그림 7-2 환경변수 생성

새 사용자 변수			✕
변수 이름(N):	ORG_GRADLE_PROJECT_KEYSTORE_PASSWORD		
변수 값(V):	keystorepw		
디렉터리 찾아보기(D)...	파일 찾아보기(F)...	확인	취소

7.3 제품 특성

빌드 타입이 빌드의 속성을 변경하는 것이라면 제품 특성은 리소스를 교체하거나 특정 기능을 활성화 또는 비활성화할 수 있습니다. 주의해야 할 점은 같은 제품의 범위 내에서 적용해야 한다는 것입니다. 제품 특성은 모듈의 build.gradle에 기술합니다.

7.3.1 제품 특성 생성하기

제품 특성을 생성하려면 android 블록 아래 productFlavor 블록을 추가합니다.[03] 프로젝트를 새로 생성하면 productFlavor 블록은 보이지 않습니다. 예를 들어, demo와 full이라는 제품 특성을 추가합니다.

---

03 적절한 위치에 추가하면 되는데, 필자의 경우 빌드 변형이 디버그 타입과 제품 특성으로 구성되기 때문에 buildTypes 블록 다음에 기술하는 편입니다.

```
android {
    .. 기존 내용

    productFlavors{
        demo {
            applicationId 'com.demo.helloworld'
        }
        full
    }
}
```

스크립트에 productFlavor 블록을 추가할 때 안드로이드 스튜디오는 입력 도우미를 제공합니다. 예를 들어, android 블록에서 'pro'라고 입력하면 유사한 키워드를 추천해줍니다.

그림 7-3 입력 보조 기능

'productFlavors'를 선택하고 demo 블록 내용에 applicaionId를 'com.demo.helloworld'로 입력합니다. full은 기본값과 동일하므로 내용을 입력하지 않습니다(내용이 없어서 어색하다면 {}로 입력해도 됩니다).

7.3.2 제품 특성 확인하기

추가된 제품 특성을 확인하려면 안드로이드 스튜디오 IDE 좌측 하단에 세로 방향으로 위치한 Build Variants 창을 활용합니다.

그림 7-4 제품 특성을 확인할 수 있는 Build Variants 창

app 모듈에 full과 demo라는 제품 특성이 추가된 것을 확인할 수 있습니다. 빌드 타입은 디버그와 릴리스가 기본 제공되므로 전체 빌드 변형은 fullDebug, fullRelease, demoDebug와 demoRelease가 됩니다.

그림 7-5 app 모듈의 전체 빌드 변형

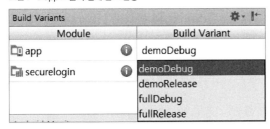

실행할 때는 Build Variants 창에서 원하는 제품 변형을 선택하는데, fullDebug 버전으로 실행하고 싶다면 [그림 7-6]과 같이 fullDebug를 선택하면 됩니다.

그림 7-6 제품 변형을 fullDebug로 선택

Module		Build Variant
🗀 app	ⓘ	fullDebug

그리고 실행 아이콘(🔲 app ▾ ▶)을 눌러 실행하면 됩니다.

7.3.3 제품 특성 제대로 활용하기

제품 특성은 어떻게 적용할 수 있을까요? 가장 간단한 사례는 고객별로 APK를
분리하는 것입니다. 단지 로고와 앱 레이블만 변경해도 효과적입니다. 이클립스에
서는 프로젝트를 새로 생성하거나 매번 AndroidManifest.xml을 변경한 후 재
빌드해야 합니다.

그러나 제품 특성을 활용하면 어렵지 않습니다. 예를 들어, demo 버전의 로고
와 앱 레이블을 변경합니다. 이때는 Project 뷰로 전환합니다. Android 뷰는
개발할 때 필요한 내용이 요약된 뷰를 보여주지만, 제품 특성을 변경할 때는 제
약이 많습니다. app 모듈의 src 폴더 아래에 demo 폴더를 생성하고 Android
Manifest.xml을 추가합니다.

그림 7-7 demo 버전에 AndroidManifest.xml 추가

AndroidManifest.xml 내용은 다음과 같습니다. Manifest Merger 기능
을 활용하면 원하는 내용만 기술할 수 있어 가독성이 높습니다.[04] 앱 아이콘은 @

---

04 http://tools.android.com/tech-docs/new-build-system/user-guide/manifest-merger

drawable/google, 앱 레이블은 Hello Google로 변경하였습니다.

```
<?xml version="1.0" encoding="utf-8"?>
<manifest xmlns:android=http://schemas.android.com/apk/res/android
    xmlns:tools=http://schemas.android.com/tools
    package="com.example.helloworld">

    <application
        android:icon="@drawable/google"
        android:label="Hello Google"
        tools:replace="icon, label"/>
</manifest>
```

Android 뷰로 돌아오면 demo 버전의 AndroidManifest.xml을 확인할 수 있습니다. full 버전은 별도로 정의하지 않아서 기본 AndroidManifest.xml을 참조합니다. 추가된 파일에는 (demo)라고 표시됩니다.

그림 7-8 추가된 AndroidManifest.xml 표시 (Android 뷰)

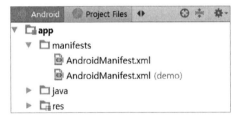

제품 특성은 모듈 build.gradle의 android.defaultConfig 블록의 속성값을 공유합니다. defaultConfig 블록은 간단히 요약하면 AndroidManifest.xml의 내용 중 Gradle로 재정의할 수 있는 속성들로, [표 7-2]와 같은 필드들을 수정할 수 있습니다.

표 7-2 수정 가능한 필드

속성	의미	비고
applicationId	APK 패키지명	2장 참조
minSdkVersion	최소 SDK 버전	–
targetSdkVersion	타깃 SDK 버전	–

속성	의미	비고
maxSdkVersion	최대 SDK 버전	–
versionCode	버전 코드	–
versionName	버전 이름	–
testInstrumentationRunner	테스트에 사용할 Instrumentation Runner 클래스	6장 참조

제품 특성은 소스 코드를 재정의할 수 있습니다. 단, 변경량은 최소화해야 합니다. 제품 특성의 범위는 어디까지나 "동일한 SW인가?"라고 스스로 물었을 때 "예"라고 대답할 수 있는 정도여야 합니다.[05]

demo의 소스 코드를 추가합니다. demo의 소스 코드는 /src/demo/java에 있습니다. MainActivity를 새로 작성하고, Project 뷰로 변경합니다.

그림 7-9 수정 전 상태

이제 demo 폴더 아래에 java 폴더를 생성합니다. java 폴더는 /src/main/java 폴더와 같이 IDE에서 소스 폴더로 인식합니다.

---

05 http://tools.android.com/tech-docs/new-build-system/user-guide

그림 7-10 /src/demo/java 폴더 인식

이제 새로운 DemoMainActivity를 추가합니다. 새로 추가한 activity_demo_
main.xml을 레이아웃으로 지정합니다.

```
public class DemoMainActivity extends AppCompatActivity {

    @Override
    protected void onCreate(Bundle savedInstanceState) {
        super.onCreate(savedInstanceState);
        setContentView(R.layout.activity_demo_main);
    }
}
```

demo를 위한 레이아웃을 추가합니다. 기존 activity_main에서 레이블만 변경
하였습니다. 변경된 레이블은 'demo_main_label'입니다.

```
<?xml version="1.0" encoding="utf-8"?>
<LinearLayout android:layout_width="match_parent"
    android:layout_height="match_parent"
    xmlns:android="http://schemas.android.com/apk/res/android">
    <TextView
        android:id="@+id/mainLabel"
        android:layout_width="wrap_content"
        android:layout_height="wrap_content"
        android:text="@string/demo_main_label" />
</LinearLayout>
```

문자열도 새로운 strings.xml 파일에 정의할 수 있습니다.

```
<resources>
    <string name="demo_main_label">Hello World DEMO </string>
</resources>
```

변경된 AndroidManifest.xml입니다. 새로 생성된 DemoMainActivity를
LAUNCHER 액티비티로 정의하였습니다.

```
<?xml version="1.0" encoding="utf-8"?>
<manifest xmlns:android=http://schemas.android.com/apk/res/android
    xmlns:tools=http://schemas.android.com/tools
    package="com.example.helloworld">

    <application
        android:icon="@drawable/logo"
        android:label="HelloWorld2"
        tools:replace="icon, label">
        <activity android:name=".DemoMainActivity">
            <intent-filter>
                <action android:name="android.intent.action.MAIN" />

                <category android:name="android.intent.category.LAUNCHER" />
            </intent-filter>
        </activity>
    </application>
</manifest>
```

전체 구조는 다음 그림과 같고, 각각 Project 뷰와 Android 뷰의 구조입니다.
demo 제품 특성은 main 폴더의 내용은 공유하면서도 소스 코드, 레이아웃, 문자
열과 AndroidManifest.xml까지 모두 새롭게 정의할 수 있습니다.

그림 7-11 demo 제품 특성의 Project 뷰

Android 뷰에서는 소스 폴더가 'com.example.helloworld (demo)'로 표기됩니다. 다른 소스 폴더와 중복되는 클래스는 포함할 수 없습니다. 또한, res 폴더에서도 demo 제품 특성에서 정의된 파일에는 (demo) 표기가 추가됩니다.

그림 7-12 demo 제품 특성의 Android 뷰

그림 7-13 제품 특성별 문자열 XML 파일

요약하면 제품 특성은 앱 아이콘, 앱 레이블과 같은 메타 정보뿐만 아니라 소스 코드, 레이아웃 XML, 문자열 등 많은 부분을 특성에 맞게 재정의할 수 있습니다.

7.3.4 제품 특성으로 특정 기능 활성화하기

제품 특성을 활용하면 전체 app의 기능 중에 일부를 활성화 또는 비활성화^{defeature}할 수 있습니다. 예를 들어, full 제품 특성에서는 현재 시간 표시 기능을 활성화하고 demo 제품 특성에서는 현재 시간을 보여주지 않게 합니다. 7.3.3 제품 특성 제대로 활용하기와 같이 소스 코드를 분리하지는 않고 모듈 build.gradle에서 BuildConfig 변수를 활용하면 됩니다.

[제품 특성별 SHOW_CURRENT_TIME 정의]

```
productFlavors {
    full{
        buildConfigField "boolean", "SHOW_CURRENT_TIME", "true"
    }
    demo {
        buildConfigField "boolean", "SHOW_CURRENT_TIME", "false"
    }
}
```

SHOW_CURRENT_TIME이라는 boolean 변수를 추가하였습니다.[06] 내용을 입력하고 [Sync now] 버튼을 누르면 변수가 자동으로 생성되어 소스 코드에서 참조할 수 있습니다.

```
public class MainActivity extends AppCompatActivity {

    @Override
    protected void onCreate(Bundle savedInstanceState) {
        super.onCreate(savedInstanceState);
        setContentView(R.layout.activity_main);
```

---

06 Gradle 스크립트는 Groovy라는 언어로 되어 있으며 자바와 같이 JVM 위에서 실행됩니다. 즉, 새로운 변수를 동적으로 추가할 수 있습니다.

```
    TextView labelView = (TextView) findViewById(R.id.main_label);
    String labelText = labelView.getText().toString();

    if (BuildConfig.SHOW_CURRENT_TIME) {
        labelView.setText(addCurrentTime(labelText));
    }
}

private String addCurrentTime(String label) {
    StringBuffer sb = new StringBuffer(label);
    sb.append(' ');
    sb.append(new SimpleDateFormat("yyyy/MM/dd HH:mm:ss").format(
        new Date(System.currentTimeMillis())));
    return sb.toString();
}
}
```

실제 확인하려면 app/build/genereated/source/buildConfg/demo/debug/com/example/helloworld 폴더에서 BuildConfig 클래스를 열어봅니다. applicationId 등 빌드 스크립트가 생성한 다양한 변수가 있습니다.

```
public final class BuildConfig {
    public static final boolean DEBUG = Boolean.parseBoolean("true");
    public static final String APPLICATION_ID = "com.example.helloworld";
    public static final String BUILD_TYPE = "debug";
    public static final String FLAVOR = "demo";
    public static final int VERSION_CODE = 1;
    public static final String VERSION_NAME = "1.0";
    // Fields from product flavor: demo
    public static final boolean SHOW_CURRENT_TIME = true;
}
```

chapter 8

고급 활용

8장에서는 일반적인 Gradle 사용법 이외의 주제를 알아봅니다. 첫 번째로, 확장 플러그인 사용법입니다. 기본으로 제공되는 안드로이드 앱 플러그인(com.android.application)과 안드로이드 라이브러리 플러그인(com.android.library)으로 충분하지만, 그 외의 확장 기능을 사용할 때 원하는 플러그인을 검색하고 활용하는 방법을 알아봅니다. 두 번째는 불필요한 리소스를 효과적으로 제거해주는 리소스 줄이기Resource Shirinking입니다. 사용법이 간편하여 적용하는 데 어려움은 없습니다. 마지막은 실무에서 활용할 수 있는 몇 가지 팁을 제공합니다.

8.1 확장 플러그인

Gradle 확장 플러그인을 검색하려면 Gradle 플러그인 검색 사이트[01]에 접속합니다. 키워드로는 'android', 'java' 등을 검색하면 됩니다. 안드로이드 앱에서 유용하게 사용해볼 만한 플러그인으로는 'retrolambda', 'CheckStyle', 'FindBugs' 등이 있습니다.

그림 8-1 플러그인 검색창

---

01 https://plugins.gradle.org

8.1.1 CheckStyle 플러그인

CheckStyle은 소스 코드의 포맷을 맞춰주는 도구입니다. Sun의 표준을 따르거나 각 회사의 표준에 맞는 rule XML 파일을 정의해 두면 모든 소스 코드를 동일한 표준으로 구성할 수 있습니다. 다수의 프로그래머가 동시에 작업하는 상용 소프트웨어나 오픈소스도 소스 코드의 포맷을 동일하게 맞추고 있습니다.

Gradle 플러그인 검색 사이트에서 'checkstyle android'라는 키워드로 검색하면 검색 결과로 'soter'[02]라는 플러그인이 검색됩니다. 플러그인 이름 아래 '#android #test #check #ci' 등의 해시 태그가 붙어있어 검색이 쉽습니다. soter 플러그인은 CheckStyle, FindBugs, PMD 기능을 한 번에 등록해주는 통합 플러그인입니다. 여기에서는 Checkstyle의 설치를 다루어 보겠습니다.

그림 8-2 검색된 soter 플러그인

먼저 프로젝트 build.gradle을 수정합니다. repositories 블록과 dependencies 블록에 있던 내용은 수정하지 말고 다음 내용을 추가하면 됩니다.

```
buildscript {
    repositories {
        maven {
            url "https://plugins.gradle.org/m2/"
        }
    }
    dependencies {
        classpath "gradle.plugin.si.dlabs.gradle:soter:1.0.8"
    }
}
```

---

02 https://plugins.gradle.org/plugin/si.dlabs.soter

그다음 모듈 build.gradle을 수정합니다. apply plugin을 추가하면 됩니다.

```
apply plugin: 'si.dlabs.soter'
```

[sync now]를 실행합니다. IDE 우측의 Gradle 창을 보면 checkstyle이라는
태스크가 생성되었습니다.

그림 8-3 checkstyle 태스크 생성

이제 checkstyle 태스크를 실행합니다. 다음과 같은 오류가 발생합니다.

그림 8-4 **오류 발생 메시지**

Gradle Build

    ⓘ Gradle tasks [checkstyle]
       :app:checkstyle FAILED
    ⓘ Execution failed for task ':app:checkstyle'.
       > Expected configuration ':app:checkstyleRules' to contain exactly one file, however, it contains no files.

정상적으로 실행하려면 checkstyle의 기준이 되는 rule 파일을 등록해야 합니
다. 다음과 같이 모듈 build.gradle을 수정합니다.

```
dependencies {
    checkstyleRules files('sun_checks.xml')
}
```

sun_checks.xml은 checkstyle-6.7.jar 파일에서 가져올 수 있습니다.[03]
checkstyle-6.7.jar 파일의 압축을 풉니다.

---

03 checkstyle-6.7.jar 파일은 https://sourceforge.net/projects/checkstyle/files/checkstyle/6.7/
　　에서 다운로드할 수 있습니다. .

그림 8-5 sun_checks.xml 파일 탐색

sun_checks.xml 파일을 〈project_home〉/app/ 폴더에 복사한 다음 checkstyle 태스크를 실행합니다.

그림 8-6 checkstyle 실행 결과

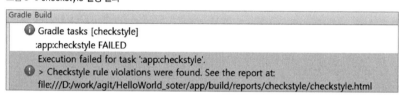

Checkstyle을 위반한 결과는 다음 HTML 파일에서 확인할 수 있습니다.

그림 8-7 checkstyle 태스크 적용 결과

CheckStyle Audit

Designed for use with CheckStyle and Ant.

Summary	
Files	Errors
1	4

Files	
Name	Errors
D:\work\agit\HelloWorld_soter\app\src\main\java\com\example\helloworld_soter\MainActivity.java	4

File D:\work\agit\HelloWorld_soter\app\src\main\java\com\example\helloworld_soter\MainActivity.java	
Error Description	Line
Missing package-info.java file.	0
Missing a Javadoc comment.	6
Method 'onCreate' is not designed for extension - needs to be abstract, final or empty.	8
Parameter savedInstanceState should be final.	9

Back to top

8.1.2 Retrolambda 플러그인

Java 8에서 가장 눈에 띄는 기능은 람다 표현식입니다. 람다 표현식은 자바 언어에서 함수형 프로그래밍을 가능하게 하는데, 함수형 프로그래밍 언어에는 하스켈, 스칼라 등이 있습니다. 안드로이드는 현재 Java 8을 지원하지 않지만, 차기버전인 N 버전에서 지원한다고 발표하였습니다. 현재 안드로이드 N Preview가나와 있습니다.[04]

안드로이드에서 람다 표현식을 사용하려면 Retrolambda 플러그인을 설치해야합니다. 설치 방법은 다음과 같습니다. JDK 8을 다운로드하고 설치합니다. 프로젝트 build.gradle을 열고 다음과 같이 `buildscript.dependencies` 블록에 Retrolambda 플러그인을 추가합니다.[05]

```
buildscript {
    dependencies {
        classpath 'me.tatarka:gradle-retrolambda:3.2.5'
    }
}
```

그리고 모듈 build.gradle에 다음 내용을 넣어 Retrolambda 플러그인을 추가합니다.

```
apply plugin: 'me.tatarka.retrolambda'
```

마지막으로 모듈 build.gradle에 컴파일 옵션을 추가하는데, `android` 블록 안에 `compileOptions` 블록을 만들고 다음 내용을 적습니다. 자바 컴파일러 버전은 1.8로 설정합니다.

---

04 https://developer.android.com/preview/overview.html?hl=ko

05 Gradle Retrolambda 플러그인 홈페이지(https://github.com/evant/gradle-retrolambda)에는 mavenCentral()만 된다고 되어 있는데, 실제로는 jcenter()도 잘 동작합니다.

```
android {
    compileOptions {
        sourceCompatibility JavaVersion.VERSION_1_8
        targetCompatibility JavaVersion.VERSION_1_8
    }
}
```

8.1.3 람다 표현식 사용해보기

람다 표현식을 사용하면 다음과 같은 코드를 단순하게 만들 수 있습니다. 예를 들어, activity_main.xml 파일에 버튼이 있다고 가정합니다.

```
<Button
    android:id="@+id/button"
    android:layout_width="wrap_content"
    android:layout_height="wrap_content" />
```

다음은 버튼에 클릭(onClick) 리스너를 추가하는 코드입니다. 안드로이드에서 일상적으로 사용하는 코드지만, View.OnClickListener라는 익명 클래스를 선언하고 onClick 메서드를 구현하는 코드가 반복적으로 등장하여 가독성이 떨어지는 단점이 있습니다.

```
Button button = (Button)findViewById(R.id.button);
button.setOnClickListener(new View.OnClickListener() {
    @Override
    public void onClick(View v) {
        Log.d("MAIN", "button clicked");
    }
});
```

람다 표현식을 적용하면 불필요한 익명 클래스 선언을 제거하여 원래의 의도가 선명하게 드러납니다. 내부적인 동작은 동일합니다.[06]

---

06 람다 표현식에 관한 자세한 내용은 『자바 8 인 액션』(한빛미디어, 2016)을 참고하기 바랍니다.

```
Button button = (Button)findViewById(R.id.button);
button.setOnClickListener((v -> {
    Log.d("MAIN", "button clicked");
}));
```

8.2 리소스 줄이기

Gradle을 포함하는 안드로이드 뉴 빌드 시스템에는 리소스 줄이기[Resource Shrinking] 기능이 있습니다.[07] 프로가드와 함께 사용하는 기능이어서 개발이 끝난 후 APK를 최종으로 배포할 때 유용하게 사용할 수 있습니다. 예를 들어, 마켓 앱을 개발할 때 안드로이드의 다양한 해상도에 맞는 리소스를 가지고 있으면 APK 크기를 불필요하게 늘리는 부작용이 생깁니다. 이럴 때 리소스 줄이기를 적용합니다.

리소스 줄이기를 적용하는 방법은 다음과 같습니다. 모듈 build.gradle 파일의 minifyEnabled와 shrinkResourcs를 모두 true로 변경합니다.

```
buildTypes {
    release {
        minifyEnabled true
        shrinkResources true
        proguardFiles getDefaultProguardFile('proguard-android.txt'),
'proguard-rules.pro'
    }
}
```

assembleRelease 태스크를 실행하면 불필요한 클래스와 리소스가 제거되었습니다.

```
Shrinking...
```

---

07 http://tools.android.com/tech-docs/new-build-system/resource-shrinking

```
Printing usage to [D:\work\agit\HelloWorld_soter\app\build\outputs\mapping\
release\usage.txt]...
Removing unused program classes and class elements...
    Original number of program classes: 1458
    Final number of program classes:    597

:app:transformClassesWithShrinkResForRelease
Removed unused resources: Binary resource data reduced from 433KB to 426KB:
Removed 1%
```

8.3 기타 유용한 팁

마지막으로 프로젝트에서 유용하게 쓰일 수 있는 몇가지 팁을 알려드리겠습니다.

8.3.1 APK 생성 시 버전명 자동 기입하기

모듈 build.gradled의 android 블록 아래에 다음 내용을 기입하면 APK를 생성할 때 파일명에 원하는 정보를 추가할 수 있습니다.

```
buildTypes {
    applicationVariants.all { variant ->
        variant.outputs.each { output ->
            output.outputFile = new File(
                    output.outputFile.parent,
                    output.outputFile.name.replace(".apk",
                            "-${variant.versionName}.apk"))
    }
}
```

applicationVariants 객체는 각 빌드 변형의 내부 속성을 참조할 수 있는데,[08] 이는 안드로이드 앱 모듈 전용으로 만약 안드로이드 라이브러리 모듈에서 활용하

---

[08] http://tools.android.com/tech-docs/new-build-system/user-guide#TOC-Advanced-
Build-Customization

려면 libraryVariants로 대체합니다. output.outputFile은 assemble 태스크 결과로 생성되는 APK/AAR 파일을 의미합니다. $(variant.versionName)은 앱의 버전 이름을 참조하며 android 블록의 defaultConfig에 정의되어 있습니다. assembleDebug 또는 assembleRelease 태스크를 실행하면 APK 파일에 버전명이 추가됩니다.

그림 8-8 실행 결과

```
yudong@yudong-PC MINGW64 /d/work/agit/HelloWorld
$ ls app/build/outputs/apk/
app-debug-1.0.apk   app-debug-unaligned.apk
```

8.3.2 생성된 APK를 특정 폴더로 복사하기

프로젝트를 하다 보면 생성되는 APK 파일을 특정 폴더에 자동으로 복사하는 경우가 있는데, 모듈 build.gradle에 다음 태스크를 추가하면 가능합니다.

```
task publish(dependsOn: 'assembleRelease') << {
    println '>>>publish APK'
    copy {
        from ('build/outputs/apk') {
            include '*release*.apk'
        }
        into 'release'
    }
    println '>>>publish APK(END)'
}
```

copy 태스크는 내장 태스크로 from 블록에 담겨있는 내용을 into 블록에서 정의한 release 폴더로 복사하고, assembleRelease 태스크를 실행하면 릴리스 빌드로 생성된 APK 파일을 release 폴더로 복사합니다. println 메서드는 태스크를 시작하고 종료할 때 로그를 출력합니다.

Git 콘솔에서 Gradle 활용하기

Gradle의 장점은 젠킨스 연동과 같이 안드로이드 스튜디오뿐만 아니라 도스 명령창이나 Git 콘솔에서도 빌드 스크립트를 실행할 수 있다는 점입니다. 소스 코드를 수정하지 않는 경우 안드로이드 스튜디오를 띄우지 않고도 간단한 작업을 할 수 있어서 편리합니다. 윈도우 명령창에서도 동일하게 활용할 수 있으나 Git 콘솔을 추천합니다.

여기서는 Git 콘솔을 사용하여 빌드하는 방법을 간단히 소개합니다. Git 콘솔은 https://git-scm.com/downloads에서 다운로드할 수 있으며, 현재 최신 버전은 2.8.4입니다.

A.1 최신 소스 코드 받아 바로 빌드하기

여러 개발자가 함께 개발하는 프로젝트에서는 최신 소스 코드를 다운로드하여 바로 빌드하는 것이 중요합니다. 안드로이드 스튜디오에서는 현재 코드와 Git의 최신 소스 코드가 차이가 많을 경우 빌드하는 데 많은 시간이 소요됩니다. 이는 IDE가 개발자에게 편의성을 제공하기 위해 최신 소스 코드의 내용을 먼저 분석하고 색인화Indexing 작업을 하기 때문입니다. 여기서는 4.3절에서 소개한 Omni-Notes를 기준으로 설명하겠습니다.[01]

---

01 git clone https://github.com/federicoiosue/Omni-Notes.git 명령으로 Omni Notes의 최신 소스 코드를 다운로드합니다.

먼저, Git 콘솔을 열고 프로젝트 폴더로 이동합니다. 현재 develop 브랜치에 있습니다.

그림 A-1 프로젝트 폴더로 이동(develop 브랜치)

```
gp62@yudong MINGW64 /
$ cd d/work/agit/Omni-Notes/

gp62@yudong MINGW64 /d/work/agit/Omni-Notes (develop)
$
```

git pull 명령으로 최신 소스 코드를 다운로드합니다.

그림 A-2 최신 소스 코드 내려받기

```
gp62@yudong MINGW64 /d/work/agit/Omni-Notes (develop)
$ git pull
Updating 972ebcc..aa637d8
Fast-forward
 .gitignore                                          |    5 +-
 .travis.yml                                         |    4 +-
 build.gradle                                        |   11 +-
 etc/ON_banner_play.png                              | Bin 0 -> 105058 bytes
 etc/ON_banner_play.xcf                              | Bin 1400118 -> 1405646 by
tes
 etc/logo.svg                                        | 1113 ++++++++++++++++++++-
 etc/translations/strings.xml                        |    3 +
 gradle.properties                                   |   13 +-
 gradle/wrapper/gradle-wrapper.properties            |    2 +-
 omniNotes/build.gradle                              |   40 +-
 omniNotes/libs/PiwikAndroidSdk.jar                  | Bin 28042 -> 0 bytes
 omniNotes/proguard-rules.txt                        |    7 +-
 .../omninotes/test/BaseAndroidTestCase.java         |   43 +
 .../omninotes/test/helpers/NotesHelperTest.java     |   53 +
 .../omninotes/test/utils/GeocodeHelperTest.java     |    3 +
 .../omninotes/test/utils/date/DateHelperTest.java   |    2 +-
 omniNotes/src/main/AndroidManifest.xml              |    4 +-
 .../it/feio/android/omninotes/DetailFragment.java   |  104 +-
```

git log 명령으로 변경 로그를 확인합니다.

그림 A-3 변경 로그 확인

```
gp62@yudong MINGW64 /d/work/agit/Omni-Notes (develop)
$ git log
commit aa637d844a1c0d1d17838cd84a907035f806cbc4
Author: Federico Iosue <federico.iosue@gmail.com>
Date:   Sat Apr 9 23:48:19 2016 +0200

    Updated changelog

commit d4a87713bf82807a5f2303c3ca60133ee2e3703f
Merge: 16f32c1 f44d452
Author: Federico Iosue <federico.iosue@gmail.com>
Date:   Sat Apr 9 23:46:48 2016 +0200
```

omniNotes 모듈의 assembleDebug 태스크를 실행하여 APK를 생성합니다. 최초 실행할 때는 Gradle 바이너리와 필요한 라이브러리를 자동으로 다운로드합습니다. 안드로이드 스튜디오와는 별도로 빌드 환경을 구성하므로 한 번만 다운로드하면 됩니다. 예를 들어, Omni-Notes 최신 버전은 Android Support Library 23.2.1이 있어야 합니다. 없으면 Android SDK Manager에서 다운로드합니다.

그림 A-4 빌드하기(assembleDebug 태스크)

```
gp62@yudong MINGW64 /d/work/agit/Omni-Notes (develop)
$ ./gradlew :omniNotes:assembleDebug
WARNING: Dependency commons-logging:commons-logging:1.1.3 is ignored for debug a
s it may be conflicting with the internal version provided by Android.
         In case of problem, please repackage it with jarjar to change the class
 packages
WARNING: Dependency commons-logging:commons-logging:1.1.3 is ignored for release
as it may be conflicting with the internal version provided by Android.
         In case of problem, please repackage it with jarjar to change the class
 packages
:omniNotes:preBuild UP-TO-DATE
:omniNotes:preDebugBuild UP-TO-DATE
:omniNotes:checkDebugManifest
:omniNotes:preReleaseBuild UP-TO-DATE
```

그림 A-5 예외 상황 – Android Support Library 23.2.1 버전이 없는 경우 발생하는 오류

```
t/appcompat-v7/23.2.1/appcompat-v7-23.2.1.pom
         file:/D:/work/android_sdk/extras/google/m2repository/com/android/suppor
t/appcompat-v7/23.2.1/appcompat-v7-23.2.1.jar
     Required by:
         Omni-Notes:omniNotes:unspecified > com.github.federicoiosue:SimpleGalle
ry:1.2.0
  > Could not find com.android.support:design:23.2.1.
     Searched in the following locations:
```

그림 A-6 생성된 APK를 확인하는 방법

```
gp62@yudong MINGW64 /d/work/agit/Omni-Notes (develop)
$ ls omniNotes/build/outputs/apk/
omniNotes-debug-5.2.0 Beta 6.apk  omniNotes-debug-unaligned.apk
```

A.2 클린하고 다시 빌드하기

실무에서 Gradle 빌드를 해보면 어떤 이유에서인지 소스 코드에 마지막 작업한 내용이 반영되지 않을 때가 가끔 있습니다. 흔히 꼬였다고 표현하는데, 이때는 클린하고 다시 빌드하는 것이 좋습니다. Gradle은 빌드할 때 중간 결과를 /build/intermediates/ 폴더에 저장하는데, 여러 부서에서 개발한 AAR를 모아서 빌드할 때 유용한 정보를 제공합니다. 클린할 때는 clean 태스크를 호출합니다. 태스크에 관한 내용은 3장을 참고하시기 바랍니다.

클린하고 다시 빌드하면 clean 태스크와 assembleDebug 두 가지 태스크를
이어서 실행할 수 있어서 편리합니다.

그림 A-7 클린하고 빌드하기

```
gp62@yudong MINGW64 /d/work/agit/Omni-Notes (develop)
$ ./gradlew clean :omniNotes:assembleDebug
WARNING: Dependency commons-logging:commons-logging:1.1.3 is ignored for debug a
s it may be conflicting with the internal version provided by Android.
        In case of problem, please repackage it with jarjar to change the class
 packages
WARNING: Dependency commons-logging:commons-logging:1.1.3 is ignored for release
 as it may be conflicting with the internal version provided by Android.
        In case of problem, please repackage it with jarjar to change the class
 packages
:omniNotes:clean
:omniNotes:preBuild UP-TO-DATE
:omniNotes:preDebugBuild UP-TO-DATE
:omniNotes:checkDebugManifest
:omniNotes:preReleaseBuild UP-TO-DATE
```

A.3 빌드하여 타깃에 바로 APK 설치하기

안드로이드 스튜디오에서 [omniNotes] 버튼을 누르면 소스 코드를 빌드하여
APK를 생성하고 타깃 디바이스에 설치합니다. 소스 코드를 변경하지 않는다면
안드로이드 스튜디오를 띄우지 않고 Git 콘솔에서 재빌드하여 타깃 디바이스에
설치할 수 있습니다. 단, 안드로이드 스튜디오처럼 타깃 디바이스에서 앱을 실행
하지는 않으므로 개발자가 대신 실행해야 합니다.

installDebug 태스크를 실행합니다.

그림 A-8 빌드하고 설치하기

```
gp62@yudong MINGW64 /d/work/agit/Omni-Notes (develop)
$ ./gradlew :omniNotes:installDebug
WARNING: Dependency commons-logging:commons-logging:1.1.3 is ignored for debug a
s it may be conflicting with the internal version provided by Android.
        In case of problem, please repackage it with jarjar to change the class
 packages
WARNING: Dependency commons-logging:commons-logging:1.1.3 is ignored for release
 as it may be conflicting with the internal version provided by Android.
        In case of problem, please repackage it with jarjar to change the class
 packages
:omniNotes:preBuild UP-TO-DATE
:omniNotes:preDebugBuild UP-TO-DATE
:omniNotes:checkDebugManifest
```

A.4 라이브러리 의존성 확인하기

여러 AAR을 프로젝트에서 함께 빌드하는 경우 각 AAR이 참조하는 라이브러리의 버전이 서로 달라 충돌할 수 있습니다. 충돌하는 경우 Gradle이 자동으로 최신 버전을 따르도록 변경하기 때문에 문제가 발생하지는 않습니다. 만약 이러한 내용이 궁금하다면 dependecies 태스크를 실행하여 라이브러리의 상호 참조 구조를 확인할 수 있습니다.

./gradlew :omniNotes:dependencies를 실행합니다. compile 항목을 보면 됩니다.

그림 A-9 라이브러리 의존성 확인하기

```
compile - classpath for compiling the main sources.
+--- com.github.flavienlaurent.datetimepicker:library:0.0.2
|    +--- com.nineoldandroids:library:2.4.0
|    \--- com.android.support:support-v4:13.0.0 -> 23.1.1
|         \--- com.android.support:support-annotations:23.1.1
+--- com.larswerkman:HoloColorPicker:1.4
+--- com.jakewharton:disklrucache:2.0.2
+--- de.keyboardsurfer.android.widget:crouton:1.8.4
+--- com.google.android.apps.dashclock:dashclock-api:2.0.0
+--- ch.acra:acra:4.7.0-RC.1
|    \--- com.android.support:support-v4:23.0.1 -> 23.1.1 (*)
+--- com.github.gabrielemariotti.changeloglib:changelog:2.0.0
|    +--- com.android.support:support-v4:22.2.0 -> 23.1.1 (*)
|    \--- com.android.support:recyclerview-v7:22.2.0 -> 23.1.1
|         +--- com.android.support:support-annotations:23.1.1
|         \--- com.android.support:support-v4:23.1.1 (*)
+--- be.billington.calendar.recurrencepicker:library:1.1.1
|    +--- com.nineoldandroids:library:2.4.0
|    +--- com.android.support:support-v4:21.0.3 -> 23.1.1 (*)
|    \--- com.github.flavienlaurent.datetimepicker:library:0.0.2 (*)
+--- com.android.support:appcompat-v7:23.1.0 -> 23.1.1
     \--- com.android.support:support-v4:23.1.1 (*)
```

예를 들어, 가장 위에 있는 datetimepicker:library 0.0.2 버전은 android support library v4.13.0.0을 참조하게 되어 있는데, 최신 버전인 23.1.1을 참조하도록 변경되었습니다. 또한, acra 4.7.0-RC.1 라이브러리는 android support library v23.0.1을 참조하게 되어 있으나 최신 버전인 23.1.1을 참조하도록 변경되었습니다.